新聞という病

Kadota Ryusho

門田隆将

産経セレクト

S-014

はじめに

令和の時代が始まり、昭和生まれの私は、昭和、平成、令和という「三代の御代」を生きることになった。国民に祝福された一連の行事が終わり、新たな歴史が始まることに深い感慨を覚えた国民は多いだろう。

まもなく高速・大容量の新移動通信システム「5G」時代を世界は迎える。世界がイノベーションに向かって貪欲かつ果敢な試行を繰り返す中で、令和は、世界に伍して日本がどんな着実な歩みを進められるか、という時代になる。

私は、そのスタートにあたって、長く日本のジャーナリズムに君臨してきた「新聞」というメディアを取り上げさせてもらった。

新聞は、日本はいうにおよばず、主な国々にも特派員を送り、その日に起こった世界中の出来事を、翌朝には日本全国の家庭のお茶の間に届けるという役割を担ってきた。

その形は一貫して変わらず、今もジャーナリズムの最前線に立っていると言っていいだろう。しかし、本文で記すように、そこにはさまざまな病巣や問題点が存在する。私は平成から令和に移る過程で、多くのことを考えた。ジャーナリズムに関することもそのひとつである。

新元号がこれまでの「漢籍」（中国の古典）からではなく、初めて「和書」からの採用になったことに対して、世界のメディアの報じ方は興味深いものだった。

アメリカのAP通信は、「中国古典に依拠する伝統から決別することは、中国に度々、強硬になる保守的な安倍政権で予測されていた」と報じ、同じくCNNは、「国書を選択したのは、安倍首相による保守的政治基盤へのアピールにほかならない」と論評し、イギリスのデーリー・メール紙は、「新元号の語源は、国家の威信の増強を狙う安倍首相の保守的な行動計画を映し出している」とレポートした。

一面的といえばそのとおりだが、外国メディアを構成する記者たちのスタンスが透《す》けてみえる気がした。

彼らは、なにも青い目の人間ばかりではない。黒い目の〝立派な日本人〟がその仕事を担っている場合もある。日本の元新聞記者だったり、通信社の記者、あるいはフリーランスの記者などがそのまま外国メディアに転籍したり、雇われたりするケースは少なくない。

だから外国メディアの報道といっても、必ずしも外国人の見方であるとはかぎらない。

だが、青い目であろうと黒い目であろうと、彼らは、なぜか「反日」という点で共通している。多くの場合、彼らは「日本が嫌い」なのだ。

では、新元号に対して、日本の新聞はどう報じたのだろうか。

これらの外国メディアと同調することが多い朝日新聞や毎日新聞の報道を見てみると、これがまた実にわかりやすい。両紙とも、やはり先の外国メディアと同じく新元号が「漢籍に由来」しなかったことがお気に召さなかったようだ。

たとえば、四月二日付の朝日新聞はこう書いている。

〈首相がこだわる国書を選び、談話も自ら発表した。そんな姿勢に元政府関係者は眉をひそめる。「時の首相の思いが強調される形になるのは避けた方がいい。元号は時の政権のものじゃなくて国民のものなんだから」〉

また、毎日新聞は選定手続きについて批判を展開し、新元号について十分な議論がなされたとは思えなかったとして同日付の社説で、〈政府は懇談会のメンバーを知名度の高い作家や学者らに委嘱し、国民に開かれた選定だと印象づけようとしたとみられるが、結論ありきの印象を残した〉と記し、翌三日の紙面でも〈新元号　紙開けば両端に国書　事務方説明　にじむ「令和」推し〉という見出しのもとに、〈6案の提示の仕方や、事務方による説明の内容からは、「国書を典拠とした初の元号」を目指した形跡もみえる〉と報じた。

要は、先に紹介した外国メディアと同様、国書が典拠にされたのが不快なのである。両紙はかねて日本を愛すること、すなわち「愛国」や「祖国愛」といったものを毛嫌いする傾向が強い。

世界で元号を使用するのは、もはや日本だけであり、世界に誇るその文化遺産の典拠を「和書に求める」のは当然だと思えるが、これに異を唱えるメディアの根本には、やはり「反日」があるのだろう。

日本そのものを「貶めたい」人々の基本構造がそこには見てとれる。だが、ネット時代は彼ら反日勢力のこともすでに炙《あぶ》り出しており、「ああ、まだそんなことをやっているのか」と、多くの日本人を呆れさせてもいる。

私は、平成とは、新聞のこうした「正体」が明らかにされた時代だったと考えている。同時に、平成ほど新聞が栄光と衰退を経験した時代もまた、かつてなかっただろうと思う。

平成が始まった頃、わが世の春を謳歌していた新聞は、やがてインターネットの登場により、次第に窮地に追い込まれていった。

記者クラブに記者を潤沢に配置して情報を独占し、恣意的にこれを加工して大衆に〝下げ渡していた〟新聞が、個人が情報発信のツールを持ったネット時代の到来に対応できなかったのだ。

わかりやすくいうなら、一般の個人がブログやフェイスブック、ツイッターなど、さまざまな手段で情報や論評、さらには映像さえ発信できる時代が来たのである。マスコミだけが情報を独占できた時代は、「過去のもの」となったのだ。

個人が情報を発信できるということは、メディアによる情報自体が当事者や大衆によって「チェック」され、「論評」の対象になるという意味でもある。

その過程で、プロであるはずの記者たちが、ひとりよがりで、狭い観念論の世界に閉じこもり、自分の思いや主義主張によって、「情報自体を歪めている」ことが暴き出されてきた。変革の時代の中で、新聞の実像が浮き彫りにされていったのだ。

本書は、産経新聞に連載している『新聞に喝！』と、月刊『正論』に寄稿した原稿をベースに、変貌するジャーナリズムの姿や、本質を見失いつつある世の中のありようをできるだけわかりやすく切り取り、指摘させてもらった論評集である。

私自身がさまざまな出来事やニュースに接した際に、率直に抱いた感想や見解をそのまま綴ったものと表現した方が正確かもしれない。

私自身の論評が読者にどう届くのかは、興味深いし、同時に怖くもある。どうか本書を読みながら、それぞれの感想や思いを私にぶつけて欲しいと思う。

それは、きっとジャーナリストとしての私を、あらためて成長させてくれるだろう。本書が世に問える楽しみはそこにある。

この中で紹介させてもらった事実が、たとえ些細であっても読者の皆さんの小さな気づきになってもらえれば、これほど嬉しいことはない。それが、もし「新聞という病」から日本が救われる「きっかけ」となるなら、望外の喜びである。

筆　者

新聞という病◎目次

第四章　命より憲法という観念論

本書は産経新聞「新聞に喝！」と雑誌『正論』に掲載された原稿を元に加筆し、再構成しています。それぞれ末尾に初出の日付を記しました。特に断りのない場合、肩書きなどは当時のものです。

装丁　神長文夫＋柏田幸子
DTP製作　荒川典久

「新聞記者」とはなにか

新聞という媒体に慣れ親しんだ代表といえば、やはり昭和世代だろう。簡単にいえば、生活の中でどうしても新聞から「離れられない」のである。それだけに、昭和世代はそれぞれ、新聞に対して一家言を持っている。

司馬遼太郎著『ビジネスエリートの新論語』（文春新書　二〇一六年刊）は、司馬さんが三十二歳だった昭和三十年、『名言随筆サラリーマン　ユーモア新論語』という題名で六月社という出版社から福田定一の本名で刊行されたものである。今も、書店に行けば、先の題名で文春新書の書棚に並んでおり、いつでも手に取ることができる。

同書の第二部には二編の随筆が収められており、そこに老いた新聞記者が登場する。私は、新聞という媒体を考える際、なぜか、そこで司馬さんが紹介した老記者の姿をいつも思い浮かべる。

特に、「二人の老サラリーマン」という章は味わい深い。

〈私は、ときどき、あの二人の老人を想い出すことがある。たいていは、幸福な瞬間ではない。自分の才能に限界を感じた夜、職場で宮仕えの陋劣さにうちのめされた夕、あるいは、自分がこれから辿ろうとする人生の前途に、いわれない空虚さと物悲しさを覚える日など、私はきまってあの二人の老人を憶いだすのだ〉

司馬さんは、老記者のことをこんな書き出しで紹介する。

満洲で戦車隊の小隊長だった司馬さんは、終戦時は本土決戦要員として内地に配置変えされたため「命」を拾っている。敗戦後、闇市を歩いている時に新聞の記者募集の貼り紙を見て、たまたま新聞業界に入ったのが司馬さんである。

老記者はよれよれの服を着て、編集局の隅にある押し入れで寝起きしているような整理部所属の人物だった。大正二年に新聞記者となって以来、大手の新聞社を渡り歩き、その社が六つめの会社ということだった。老記者は、常々、新聞記者を「野武士」と称したという。

「新聞記者にもよ、労働基準法ちゅう有難い法律が施かれるようになったもん。つまりサラリーマン界の正規兵でなく野武士じゃった新聞記者も国家のおかげで正式の武士にとりたてられるようになったようなもんじゃ。これからはちがった型の新聞記者がふえてくるじゃろう、腕を磨くよりも出世を心掛けるような、な……」

どう見ても人生の敗残者としか思えないその老記者は、編集局の片隅で若き司馬さんに焼酎を飲みながらそんなことを語った。

ある時、司馬さんは、「新聞記者の大成とは、何になることでしょう」と聞いてみたそうだ。すると、老記者は意外な言葉を口にした。

「うむ。俺のようになることだ」

と。さすがに司馬さんも驚いただろう。

老記者は、司馬さんのようすを気にも留めず、こうつづけた。

「部長や局長になろうという気持がキザシた瞬間から、もうその人物は新聞記者を廃業してると見てええ。新聞記者ちゅう職業は、純粋にいえば、鉛筆と現場と離れた形では考えられないもんじゃ。抜く抜かれる、この勝負の世界だけが新聞記者の世界じゃとおれは思う。大成とは、この世界の中で大成することであって、この世界から抜け出て重役になったところでそれはサラリーマンとしての栄達じゃが……。

昔の剣術使いが技術を磨くことだけに専念して、大名になろうとか何だとかを考えなかったのとおんなじことだよ。ところが困ったことに、いかに特種を書き、いかにうまい記事を書けたところで、新聞を離れたら、この技術だけは身すぎ世すぎに何の役にたつちゅうもんじゃない。ツブシが利かん。

で、老齢になって仕事が出来なくなったり、誰かと喧嘩して辞めたりすると、何をするちゅうこともない。ただ、おれの現在のようになるしか手がないんだよ。これがいわば、新聞記者としての大成だ。世間じゃ名づけて敗残者とでも云うかもしれんがね、本人さえその一生に満足すればそれでええじゃないかな」

たしかに新聞記者とは、「鉛筆と現場と離れた形では考えられないもん」である。営業成績のように数字で評価できる仕事でもなく、また、日々の仕事が直接、売り上げにかかわることもない。考えてみれば、極めて不思議な商売である。

老記者は、そんな奇妙な職業が存在する意味と、それに携わる人間の心構えを若き司馬さんに語ったのである。

司馬さんは、こう書いている。

〈時代は、この職業人の職場意識を急速にサラリーマン化していった。いまや、よきサラリーマンでないものは、よき新聞記者でないということさえ、明確に云えるのではないだろうか。松吉淳之助（筆者注＝この老記者のこと）のような新聞記者観をいまなお信奉する新聞記者はおそらく稀だ。あったとしても同僚からドン・キホーテの愛称を捧られるぐらいがオチである。

しかし、彼の言葉には、考え方の新旧を越えた強烈な輝きというのはある。自分が選んだ人生に悔なく殉ずるというきびしさは、いつの時代でも懦夫《だふ》を愧死《きし》せしめる力がある。

その後、松吉淳之助のいた社は潰れた。私は知合いを通じていろいろその行方を探してみたが、今もってわからない。死んでさえいなければ、彼が平素云っていたとおり、どこか山の養老院で、眼尻の下った脹れぼったい瞼を相変らず心地よげに半ば閉じているはずだ〉

司馬さんは〝大成した新聞記者〟であるこの老記者のことを一種の尊敬の念を込めてそう書いている。

私は、新聞というものを考える時、この司馬さんの文章が浮かんでくる。なぜなら、それが「新聞記者」という本質を表わしているかもしれないと思うからだ。

たしかにツブシが利かない。抜く抜かれるという勝ち負けだけが新聞記者の世界でもある。私は、こういう人物、あるいは、その精神が日本の新聞を支えてきたのだろうと想像する。

司馬さんがこの随筆を書いたあとの昭和三十年代から四十年代にかけて、「事件記者」というNHKのドラマが一世を風靡する。

視聴率は四〇%を超え、延長に延長が重ねられて実に八年間で三百九十九回も放映され、今ではテレビ界の伝説のドラマとして語り継がれている。

警視庁の記者クラブで、もうもうとしたタバコの煙の中、とぐろを巻きながら囲碁や将棋、花札などに興じる新聞記者たち。それでも彼らは、いざとなれば驚くような執念の取材を展開する。そんな〝ブンヤ稼業〟に誇りを抱き、スクープに目をぎらつかせる記者たちの群像劇が、多くの視聴者の心を捉えたのである。

彼らは、新聞の最前線で闘う記者たちだったが、司馬さんが紹介した「老記者」とも、ある意味重なるものが多い。〈ツブシが利かない〉〈鉛筆と現場と離れた形では考えられない〉という意味では、まさにその通りである。「ブン屋」という呼び名にふさわしい〈抜く抜かれるだけの勝負の世界〉に生きる空気を新聞記者が漂わせていた時代だった。

その特異な世界に視聴者は惹きつけられたのだろうと思う。しかし、その後、時を経るにつれ、新聞記者は大いなる変貌を遂げた。

なにが変わったのか。

ひと言で尽くせば、新聞記者が「偉くなってしまった」のである。もちろん、物理的に偉くなったのではなく、彼らの「意識として」である。

いつの間にか、天下国家をあたかも自分がまわしているかのような錯覚を抱くようになった新聞記者たちは、退職をしたら学生相手に現役時代の話でもして大学の教壇にも立ってやろう、などと考える人間が増えていった。

老記者が言った「ツブシが利かない」はずの新聞記者たちが次第に「本来の姿」を忘れていったのである。

意識が劣化し、自分の姿を見失ってくれば、自分が他者から「どう見られているか」もわからなくなる。誰からも、そして何の尊敬も、受けてはいないのに、自分があたかも特権階級であると思い込み、そのために記者会見を記者である自分の「意見表明」の場であるかのように勘違いする者まで現われた。

時代が移るというのは、そういうことなのだろう。その果てに、いまの新聞がある。これから記すように、紙面の劣化は、もはやどうしようもないレベルに達している。その具体例を読者の皆さんに是非、知っていただきたいと思う。

しかし、私はこのまま「新聞は終わってはいけない」とも思っている。司馬さんが描いた老記者、いや、司馬さんそのものを生んだ新聞記者という職業が、日本から「消えてはならない」と考えているのである。

私はあきらめてはいない。

第一章
朝鮮半島危機に何を報じたか

放棄された使命と責任

これほどの「落差」は、一体、どこから生まれたのだろうか。専門家と一般の人との危機意識の乖離《かいり》があまりに大きい。そして、政治家やマスコミの無責任ぶりが、それを助長している。

「ついに来るべき時が来た」――。多くの専門家が口を揃えているのに、国会やマスコミには、危機感がまるで感じられないのだ。

自ら在日米軍基地を標的にした「訓練」と明かした北朝鮮の弾道ミサイル発射は、多くのことを日本に教えている。移動式発射台から同時に「四発」発射したミサイルを約五十キロの範囲内に着弾させた二〇一七（平成二十九）年三月六日の出来事は、この問題が、いよいよ自分たちの「命」にかかわるものになったことを意味している。

一九九四年の核危機から実に二十三年。「北朝鮮が核弾頭の小型化と起爆装置の開発に成功するまでがタイムリミット」という軍事専門家たちの声をよそに、長期にわたって、「六カ国協議」や国連安保理での「制裁決議」でお茶を濁し、ついに日本は、自らの生存の危機に立ち至ったのである。同十七日、北朝鮮ミサイルに対する住民避難訓練が、秋田県男鹿市で初めて行われたニュースを見ながら、私はさまざまな感慨に捉われた。

四月五日には、米中首脳会談を前に新たな弾道ミサイルも発射された。ミサイル発射から日本国土への着弾までは「十分」を要しない。しかも、多数発のミサイルへの日本の防御システムには実効性に疑問の声がある。これに対して、社会の木鐸《ぼくたく》であると同時に、警鐘を鳴らす役割を果たすべき新聞は、どう報じただろうか。残念ながら、それは「お粗末」というほかない。

新聞がこの二カ月、紙面を使い続けたのは、かの「森友」問題だ。もともと豊中市の共産党市議が教育勅語朗読の学園は「許せない」と宣言して仕掛けた政治闘争にメディアが乗り、首相の直接関与での追及が無理ならば、「忖度《そんたく》」なる言葉まで捻《ひね》り出して、推測に推測を重ねた不毛な論議がくり返された。

国民の命にかかわる北朝鮮の核ミサイル問題に本気で取り組んだのは、産経だった。事実報道に加え、新潟県立大学の袴田茂樹教授や、平和・安全保障研究所の西原正理事長らが貴重な問題提起を行った。だが、他紙に「これは」という記事は見あたらなかった。

私は、共謀罪の構成要件を改めたテロ等準備罪法案についても、抽象論ではなく、国民の生命・財産をテロや組織犯罪からどう守るかという観点で具体的論議を深めて欲しいと思う。

しかし、これも、法案採決で「審議を尽くしていない」などと叫びながら、手に手にプラカードを持った野党議員が委員長席に詰め寄る〝いつもの風景〟が繰り広げられて終わるだろう。そして新聞は、その政治家たちと同じレベルに立って記事を書き、囃《はや》したてるのである。

最も大切な「使命」と「責任」を見失った新聞ジャーナリズムの衰退を見るのはつらい。


（二〇一七年四月九日）

朝鮮半島危機と新聞

この一カ月ほど、新聞が日本にとって「不可欠なもの」ではなくなったことを見せつけられた日々は、かつてなかったのではないか。

高齢の「新聞世代」と若年の「ネット世代」とでは、情報を取得する手段やツールがどんどん「乖離」してきていることは今更、指摘するまでもない。

それを踏まえながら、この一カ月――つまり、北朝鮮「四月危機」(二〇一七年)を振り返ると、日本の新聞離れは、もはや、止めようがないことを嫌でも再認識させられる。わかりやすく言えば、もう新聞は「要らない」ということである。

これからも続く朝鮮半島危機は、長く太平の眠りを貪《むさぼ》ってきた私たち戦後日本人の意識をあざ笑うかのように深刻な事態へと進んでいる。

平和ボケした日本人は、自衛とは、「国民の命を守ること」であるという世界の常識にすら背を向けて過ごしてきた。

それは、朝鮮半島危機に際して、韓国にいる約三万八千人におよぶ在留邦人は、ソウルをはじめ、各都市が火の海になったとしても、自衛隊が「救出に行くことはできない」という驚くべき「現実」として、私たちに突きつけられているのである。

日本は、目と鼻の先にいる邦人を救いに行けない。しかし、そのことすら新聞は読者の前に提示できない。いや、それどころか、そういう法整備の「壁」となってきたのが新聞だった。

安保法制では、自衛隊法の改正によって、〈在外邦人等の保護措置〉の項目が新設され、在外邦人が危機に陥ったとき、それまでの「輸送」だけでなく、「救出・保護」を自衛隊ができるようになった。だが、それを行うためには相手国（ここでは「韓国」）が公共の安全と秩序を維持しており（つまり戦争状態にないこと）、また、相手国の同意があり、さらには、相手国の関連当局との連携が見込まれるという「三条件」がつけられているのだ。当然、これらの厳しい要件をクリアできず、実際には、自衛隊は邦人救出に行けないのである。

なぜそんな足枷《あしかせ》がつけられたのか。それは、助けを待つ国民を救出に行くという「究極の自衛」が「憲法違反になる」という倒錯《とうさく》した法理を説く政治勢力や学者、新聞が、日本では大きな力を持ってきたからである。

私がこの実態を指摘した本（『日本、遥かなり』二〇一五年、ＰＨＰ研究所）を上梓《じょうし》した際、取材に応じてくれた元外務省幹部は、「自国民を救出することを自ら縛っているのは、世界で日本だけです。しかし、ほかの国と同じように、自国民を救出できるような法整備は、また〝戦争法案〟といわれてしまう。日本は〝大きな犠牲〟が生まれるまでは、その愚かさに気づかないでしょう」と嘆いた。

国民の命を蔑《ないがし》ろにした空虚な言論が大手を振った時代は、やがて終わるだろう。それは、同時に「新聞の時代」の終焉を告げるものになるのは間違いない。

（二〇一七年五月十四日）

生存を賭けた「演説」の意味

それは「生存」を賭《か》けた凄まじい演説だった。

衆院の解散総選挙（注／二〇一七年九月二十八日解散）で、政界は政治家たちによる生き残りを賭けた闘いに突入している。しかし、新聞のあり方を考えさせられたのは、むしろその前に国連でくり広げられた熾烈《しれつ》な闘いに関する報道ではなかったか。

北朝鮮の領袖《りようしゆう》、金正恩《キム・ジョンウン》氏を「ロケットマン」と呼び、十三歳で拉致された横田めぐみさんに言及したトランプ大統領の演説の翌日、安倍晋三首相が国連総会でおこなった演説に、私は刮目《かつもく》した。まさに日本人が生き抜く、つまり「東京が第三の被爆都市にならないため」の決死の覚悟を示した演説だったからだ。

「不拡散体制は、史上最も確信的な破壊者によって深刻な打撃を受けようとしている」「対話とは、北朝鮮にとって我々を欺《あざむ》き、時間を稼ぐための最良の手段だった」「北朝鮮に全ての核・弾道ミサイル計画を完全な検証可能な方法で放棄させなくてはならない」「必要なのは行動。残された時間は多くない」

一九九四年から続く北朝鮮の核問題の経緯を時系列でわかりやすく説明した上で、首相はそう強調した。私はこの問題の根源を思い浮かべながら演説を聴いた。

日本人の多くは、もし、金正恩氏が核弾道ミサイルの発射ボタンを押せば、「報復攻撃によって自分自身が〝死〟を迎え、北朝鮮という国家が地上から消滅する。だからそんなことをするはずはない」と思っている。まともな人間なら、そう考えるのは当然だ。しかし、果たして相手は「まとも」なのだろうか。

叔父を虐殺し、実の兄を殺した可能性も濃厚で、気に入らない幹部や部下、そして多くの人民を常軌《じょうき》を逸した方法で処刑してきた特異な人物――それが金正恩氏である。破滅的な人間は、往々にして自分の死を願うものであり、同時に〝道連《づ》れ〟を探すものでもある。その人間が核兵器を持ち、それを目的地に飛ばす力を持っているとしたら、どうだろうか。今なら起爆装置をはじめ、核弾頭ミサイルの完成には、まだ至っていないかもしれない。だが、一、二年後には、おそらく、全てが成就しているに違いない。

その核弾道ミサイルの射程圏内にあり、標的となっている日本の首相の国連演説には、そのことに対するリアリズムが満ちていた。東京が史上三番目の被爆都市になることだけは何としても避けなければならない。その決意と怒りが込められていた。

私たちはこのまま北朝鮮の核ミサイルの完成を待ち、「何千万人の犠牲者」が出るのを許すのか、あるいは、完成後の北朝鮮との国家間交渉で、日本は以後、北朝鮮の〝貯金箱〟と化すのか、ということである。

しかし、この演説の全文を紹介したのは、産経一紙だけであり、多くは衆議院の解散に対して「大義はあるのか」などと、愚にもつかない報道をするばかりだった。自らの生存の危機にすら気づかず、リアリズムを失った日本の新聞に「未来」はない。

（二〇一七年十月一日）

平昌「政治ショー」が示すもの

これほどの政治ショーは滅多に見られるものではない。国の生き残りを懸けた、まさに息を吞む駆け引きである。チキンレースの末に米軍の軍事作戦が現実味を帯びてきた二〇一七年の末以降、案の定、北朝鮮の最高指導者、金正恩氏は韓国を使ってアメリカの動きを封じる作戦に出た。

「韓国との対話を続けている間は、米軍の攻撃はない」という確信の下での揺さぶりだ。果たして平昌《ピョンチャン》五輪に悠然と現れたのは、金正恩氏の妹で、実質ナンバー2の金与正《ヨジョン》氏だった。そして、彼女は兄の親書を文在寅《ムン・ジェイン》大統領に手渡し、南北首脳会談を持ちかけたのだ。

たび重なる経済制裁で、北は悲鳴を上げている。しかし、あとわずかで悲願の核ミサイル開発が成就する。北が欲しいのは、四半世紀に及ぶ闘いの末の「完成までの少しの時間」なのだ。つまり南北対話という言葉は、そのまま「核ミサイルを完成させる」と同義語なのである。
私は、日本の新聞がこれをどう書くのかに注目した。それは、最も大切な「国民の命」を、新聞がどう捉えているかを教えてくれるものでもあるからだ。
〈南北の首脳会談を必要としているのは北朝鮮である。そこを見誤ると、核を温存したまま国際包囲網を突破しようとする北朝鮮に手を貸すことになってしまう〉（毎日二〇一八年二月十一日付社説）
〈看過できないのは、北朝鮮側に直接、核開発の放棄を求めなかったことだ。（略）米朝対話に委ねるのではなく、自らが非核化を迫らねばならないことを、文氏は認識すべきである〉（読売同社説）
〈拙速に南北対話を進めるのは、国連から制裁を科されている正恩氏に救いの手を差し伸べるに等しい〉（産経同主張）
各紙は厳しく対話路線を非難した。しかし、朝日は違った。
〈北朝鮮のねらいがどうあれ、南北の指導者による直接の話しあいは本来、あるべき姿である。同じ民族同士が少しでも和解を進め、朝鮮半島の根本的な対立の構図を変えていく努力を重ねることは望ましい〉（同社説）

この期《ご》に及んでも、朝日だけは対話の重要性を強調した。建前と綺麗事、そして偽善は、新聞の専売特許だ。しかし、ことは日本国民の「命」にかかわる大問題である。北の核ミサイル完成をあらゆる手段で防がなければならないときに、対話で朝鮮半島の非核化が生まれると「本当」に思っているのだろうか。

そう信じているとしたら、これほどおめでたい話はないし、また、思ってもいないのにそんなことを書いているのだとしたら、これほど無責任で、読者をバカにした話もない。

ネットの浸透と共に、部数が猛然と減り続ける新聞業界の中で、生き残るのは「現実」を見据《す》えたものだけになるだろう。平昌を舞台に繰り広げられる政治ショーは、私たちにとって新聞というものを見つめ直すまたとない機会ともなっている。

（二〇一八年二月十八日）

「歴史」に堪えられる報道とは

東アジアは二〇一九年二月末から三月初めにかけて歴史に残る日々を送った。ハノイでの米朝首脳会談、韓国の三・一「百周年」に加えて、台湾の二二八事件記念日が集中していたのである。

これらは複雑に絡み合い、いずれも日本の安全保障に深く関わるものだ。インターネットに本来の役割を奪われ、衰退する新聞にとって、本領を発揮すべき好機だっただろう。しかし、この三つの歴史的事象に対応できた社は少なかった。

まず多くの新聞が米朝首脳会談を読み間違えた。トランプ米大統領が成果を欲しがって前のめりになり、北朝鮮ペースになっていると日本の新聞は思い込んでいた。

だが、調べ上げた北の核開発の実態を突きつけた米国は譲歩せず、席を蹴る形で「合意なし」の選択をした。〈「屑《くず》鉄廃棄」の見返りに「制裁解除」に固執した北朝鮮は孤立と自滅を招く〉と辛辣《しんらつ》な論評をした韓国の東亜日報と対照的に日本の新聞は戸惑いを隠せなかった。

日本が譲れないのは、北の完全非核化と拉致被害者の早期一括帰国のはずなのに、記者たちがその視点を忘れ、他人事《ひとごと》のような記事が続いた末のことだった。日本国民の命をどう守るかという根本を新聞が見失っていなければ、ボルトン大統領補佐官と連携する国家安全保障会議（日本版ＮＳＣ）への取材等を通じて、もっと真相に肉薄できていたのではなかったか。

翌日の韓国の三・一「百周年」報道には、さらにその思いを強くした。〈文大統領、対日「未来志向」〉と朝日が書けば、毎日は、〈相互尊重へ新たな歩みを〉と社説で訴えた。

一方、読売は〈文氏3・1演説　問題の根底は異様な対日観だ〉との社説を掲げ、産経も〈「反日」で国をまとめるな〉と糾弾した。日本の安全保障を根底から覆《くつがえ》す文氏の朝鮮半島統一戦略に危機感を持って報じたのは、後者の側だった。

そして三つめの「台湾の二二八事件記念日」における報道である。年頭に中国の習近平国家主席が台湾に対して「一国二制度を受け入れよ」と演説したことで、台湾は待ったなしの激動期に突入した。蔡英文総統率いる民進党が昨秋の統一地方選で惨敗しており、来年の総統選で下野する可能性が高まる中、一九四七年の国民党による台湾人虐殺の「二二八事件」記念日は大きな注目を集めていた。

だが、日本でこの事象に対応したのは産経だけだった。同紙は蔡英文氏のインタビューに成功し、日本との安全保障協力に強い意欲を示し、安倍晋三首相に決断を促す蔡氏の言葉を引き出した。まさに「日本の新聞、ここにあり」の一撃だった。

米中貿易戦争、北朝鮮核問題、韓国の暴走、台湾生き残りへの道……すべてが日本の未来に関わる大問題である。それだけに新聞には独自の問題意識と先見性が求められている。読者を唸《うな》らせる歴史に堪えられる記事は、すぐ「そこ」にある。新聞記者の覚醒に期待したい。

（二〇一九年三月十日）

論点

韓国への制裁を発動せよ

チャンスが到来した日韓関係

「日本には何をやってもいい」

そう思い込んでいる韓国でも、さすがに日本人の怒りの大きさに気づいた人間もいるだろう。

その意味では、韓国海軍の駆逐艦による自衛隊哨戒機への火器管制レーダー照射と、その後の二転三転する言い訳と反撃が世界中を呆れさせているのは、「日韓の未来」のためには大変、喜ばしいことだ。

あたりまえのことだが、国家間には、一定の「節度」と「敬意」がなければ、友好関係は保てない。相手の言うことに耳を傾けなかったり、約束を守らなかったり、バカにしたりすれば、人間関係でも成り立たないのは当然だ。

しかし、韓国は日本に対してその節度と敬意を持ってこなかった。それでも長い間、日本は持ち前の忍耐で、つき合いを続けてきたが、それも「限界に来た」ことが、一連の事態で日本人全体が認識できたのである。

アメリカや中国に対して、日本にしてきたような態度や行為を韓国がとったら、どうなるだろうか。たちまち韓国は厳しいシッペ返しを受け、悲惨な事態に陥るだろう。だから、彼らは決してそんなことはしない。「何をやっても構わない」日本に対してしか、絶対にしないのである。それを考えれば、日韓の未来に何が必要なのかは、すぐにわかる。

韓国に、アメリカや中国に対する節度と敬意と同様のものを持たせればいいのである。つまり、日本は、アメリカや中国のような毅然とした態度を韓国に対して示せばいいだけのことだ。

そのための「手段」を考え、それをおこなうための「障害」を取り除けばいい。いま、やっと日本にその気運が生まれた。これは将来、真の日韓関係がもたらされる可能性が出てきたことを意味する。実に歓迎すべきことである。

だが、現実には、日本には、どんなことがあっても日本を悪者にしたい「反日日本人」や、親韓派と称される媚韓政治家や媚韓メディアが数多く存在している。

彼らは、日韓に、なにか事が起こった時、「冷静になろう」「ことを荒立てるのはやめよう」「悪いのは日本側だ」と、常に日本側が譲歩するように仕向け、世論を誘導してきた。その結果、韓国は際限なく増長し、ついには、前述のように日本への節度と敬意を完全に失ってしまったのである。

今回も水面下で、日本国内の反日勢力は、懸命に工作をおこなっている。だが、その存在こそ今の事態の〝元凶〟であることに、多くの日本人が気づいたのだ。その意味では、まぎれもなく日本に「チャンスが到来した」のである。

事大《じだい》主義と特殊な国民性

本論に入る前に韓国に対して正しい認識を持っていただきたい。

歴史上、朝鮮は主に中国王朝を宗主国とする属国として生きてきた。朝鮮は強いものには徹底して卑屈になり、弱いものには居丈高になるという特性を持っている。

彼らの国民性に自国の歴史が影響していることは間違いない。そのことを考えれば、外交儀礼に反したり、約束事を破るのは、この国の本性であって、最近始まったものでもないことがわかる。

二〇一八（平成三十）年、NHKの大河ドラマ『西郷《せご》どん』を楽しんで観た人もいるだろう。終盤、西郷隆盛が朝鮮の非礼に怒って「征韓論」を唱え、下野する場面があった。やがては西南戦争にもつながっていく重要なシーンだ。

その理由を番組では詳しくは描写していなかったが、あれは有名な「書契《しょけい》問題」に端を発している。一八六八（明治元）年、江戸幕府を倒した明治政府は、新政権発足の通告と条約に基づく近代的な国際関係の樹立を求める国書を世界各国に送った。応諾の返書が各国から次々と届く中、異様な対応をした国があった。

朝鮮である。清国の従属国だった李氏朝鮮は、日本からの国書の中に「皇」と「勅」という文字があることを発見した。朝鮮は、清朝以外にこの文字を使うことは「許されない」として、日本からの国書の受け取りを拒否したのだ。明治政府が何度接触を試みても「受け取り拒否」という非礼が続き、あの征韓論へとつながっていく。

清国が国書を受け取り、正式な外交関係が始まっても、朝鮮の態度は変わらなかった。国王の高宗、その妻・閔妃と、国王の父である大院君との権力抗争、汚職ばかりの官吏、社会基盤がまったく整備されない中で貧困に喘ぐ国民、そして荒れ果てた国土……そんな朝鮮が外交儀礼を欠いた態度を日本にとり続けたのである。

強いものには卑屈なまでにつき従うのに、それ以外には貶める態度をとる「事大主義」はそのまま朝鮮に当てはまる。そして、それは今の韓国に通底している。いわゆる〝徴用工〟判決でも、そのことは明らかだ。

互いの請求権を放棄して「完全かつ最終的に解決した」日韓請求権協定は、日本と韓国との国交が正常化した日韓基本条約の大前提である。韓国の司法は、これをひっくり返した。理由は、「日本統治は不法、違法であり、そこで行われたことは協定の適用対象に含まれない」というものだ。

つまり、一九一〇年に大日本帝国と大韓帝国との間で結ばれた日韓併合条約が「不法、違法」であり、「認められない」というのである。国家間の約束をひっくり返したり、時間の経過と共に条件をずらしていく〝ムービング・ゴールポスト〟を得意とする韓国の面目躍如たるところだ。しかし、これがいかに「異常」で「理不尽」なものであるのか、彼らにはわからない。

約束反故《ほご》を支持する日本の政党

国家間で交わした条約や約束事を破ることが許されないのは国際常識である。

国連で採択されているウィーン条約法条約に〈当事国は、条約の不履行を正当化する根拠として自国の国内法を援用することができない〉（同二十七条）と定められている通り、国内法、すなわち自国の事情によって条約等の順守義務を踏みにじることは、固く禁じられている。

アヘン戦争の結果、英国と清国が結んだ香港の九十九年租借も、「あれは戦争に負けて結ばされたものだから無効だ」などという主張を、その後の中華民国も、中華人民共和国も、したことはない。

日本も、江戸幕府が結んだ不平等条約をあとになって明治政府が「あれは無効だ」などと言ったことはなく、国力を上げ、交渉をくり返し、血の滲むような努力の末に、ついに改正に持ち込んだ。

また、日本列島を焦土とされ、原爆を二発も落とされた末に受諾したポツダム宣言を「あれは悲惨な状態で受諾したものだから無効である」などと、日本人は口が裂けても言わない。国家の約束というのは、それほど重いものであることを知っているからだ。

その国際常識が、韓国には存在しない。しかし、あろうことか日本の政党である日本共産党の志位和夫委員長は二〇一八年十二月、日韓議連のメンバーとして訪韓した際、文在寅大統領に対して、「被害者個人の請求権を消滅させないことは日本政府も公式に表明している。両国政府はこの点で一致している。被害者の名誉と尊厳回復に向けた前向きの解決が得られるよう、冷静な話し合いが大切だ」と述べたという（『しんぶん赤旗』の報道による）。

日韓基本条約の前提となった日韓請求権協定という国家間の約束事を反故にしようとする韓国を、日本の政党が支持することが私には信じられない。これは、日本国民が厳として心に銘記しておかなければならないことだろう。

ありもしない「強制連行」を証拠もないまま信じ込み、いまだに謝罪を求める慰安婦問題を支援してきたメディアや政党も日本には少なくない。また、ジャパンドリームを夢見て企業の「自由募集」に応じた若者が、いつの間にか昭和十九（一九四四）年九月から半年しかなかった「徴用工」になりすまして裁判に勝訴したことを、前述のように支持する政党もある。事実に基づかず、黒を白、白を黒と言いくるめて日本を糾弾する韓国に追従する日本の政治家や言論人がいることが、私には不思議でならない。

日本人でありながら、事実など関係なく国家間の約束や条約をひっくり返す韓国を支持するのは一体、どんな背景を持つ人たちなのだろうか。そして、あれだけ政権批判を展開する野党各党が、韓国の横暴には沈黙を決め込んでいるのはなぜなのだろうか。

日本人は、そのことをじっくり考えるべきだろう。

レーダー照射の暴挙

二〇一八年十二月二十日に起こった火器管制レーダー照射事件とその後の韓国の対応は、この国の歴史と、これまでの日韓関係悪化の〝すべて〟が現われている。

同レーダーの照射は、いわゆるミサイルのロックオン状態を意味し、実際にミサイルが発射されれば、乗務員の「死」に直接つながる危険性があるものだ。そんな緊迫した中でも、公開された映像での自衛隊員たちの落ち着いた行動や互いのやりとりの内容に私は驚嘆する。

十二月二十八日に防衛省が公開した十三分七秒にわたる動画は、確認作業を挟みながら、都合六回も英語で呼びかける自衛隊の声が出ている。

「Korean Naval Ship, Korean Naval Ship（韓国海軍艦艇、韓国海軍艦艇）」

「Hull Number 971, Hull Number 971（艦番号971、艦番号971）」

「This is Japan Navy, This is Japan Navy（こちらは日本国海上自衛隊、こちらは日本海上自衛隊）」

「We observed that your FC antenna is directed to us（貴艦のFCアンテナが我々を指向した事を確認した）」

「What is the purpose of your act? over（貴艦の行動の目的は何ですか?）」

国際ルールに則り、そして二〇一四年に韓国を含む二十一カ国が合意した「海上衝突回避規範（CUES）」に合致した呼びかけをきちんとおこなっている。

しかし、二〇一九年一月四日に韓国・国防省が公表した映像では、これに実に姑息な編集が加えられていた。

自衛隊の実際の音声を流しているのは、十秒ほどで、「This is Japan Navy（こちら日本国海上自衛隊）」「Korean Naval Ship（韓国海軍艦艇）」「Hull Number 971（艦番号971）」という音声を二回くり返し、あとは不必要なBGMを流しているだけなのである。

明らかに聞こえているはずの「貴艦のFCアンテナが我々を指向した事を確認した」「貴艦の行動の目的は何ですか？」という決定的音声はカットしているのだ。

また映像の大半は日本側が公表したものの引用であり、韓国側が撮影していたわずか十秒ほどの映像にも、駆逐艦の近くを漂流する北朝鮮の漁船、そして遥か先の上空を飛行する海上自衛隊の哨戒機が豆粒のように映っていただけで、日本の「低空威嚇《いかく》飛行」の証拠は存在しない。

映画もどきのBGMでいくら深刻さを演出しても、自衛隊哨戒機側の問題点は、なにひとつ出て来ないのである。

もはや嘘は通用しない

しかも、これほど火器管制レーダー照射が明確であっても、逆に日本に対して謝罪を求めてくるところが韓国の韓国たる所以だ。

「日本は人道的な救出活動中のわが艦船に低空威嚇飛行をおこなった。謝罪せよ」

この物言いに、さすがに日本人も怒りが爆発した。それは、前述のように「ありもしない強制連行」をタテに世界中に慰安婦像を建てまくっている韓国人の姿と重なっているからだ。朝日新聞の誤報によって生まれた慰安婦の強制連行の被害者は韓国では「二十万人」いたと信じられている。

嘘も百回言えば真実になる韓国では、この慰安婦問題と同様、レーダー照射も「日本は謝罪せよ」と言い続ければ、必ず日本国内の媚韓勢力がさまざまな日本批判を繰りだし、最後には「日本が譲歩してくる」と、タカを括っているのである。

現実に、韓国利権にどっぷり浸かった日韓議員連盟の自民党の有力者たちが、「98年の日韓パートナーシップ宣言に立ち戻ろう」「今の左翼政権が倒れれば、また元に戻りますから……」などと囁き、日本側の譲歩を前提にした問題終結に向かって、安倍政権に盛んに働きかけをおこなっている。

米国の銀行、そして韓国の銀行の東京支店を迂回《うかい》して自民党有力者へ巨額の資金が還流したソウル地下鉄事件（一九七七年）は、その後の日韓議連の「利権構造の基本」となった。

日本企業が韓国内で事業をおこなうには日韓議連の議員を通して、韓国政府、あるいは地方行政府に話を通してもらわなければならず、議員にとっては日韓議員連盟に所属すること自体が、とてつもないメリットとなってきたのである。

しかし、そんな政治家のために、いつまで日本人は、これほどの理不尽を我慢しなければならないのだろうか。

韓国への十項目の公開質問

そして際限なき増長を続ける韓国は、一月十四日にシンガポールでおこなわれた防衛当局による初の直接協議で、レーダー照射を完全否定した上で、

「あなた方が低空威嚇飛行をするなら、われわれも低空威嚇飛行ができる」

と、すごんで見せた。そして国防省のスポークスマンは、

「日本には、問題を解決する意思がない。非常に無礼だ」

と、さらに開き直ったのである。そこで私は、日本政府に韓国政府への以下の十項目の公開質問をおこなっていただきたい。

（1）韓国海軍は日本のＥＥＺ（排他的経済水域）内で何をしていたのか。そして、救難信号を出してもいない北の漁船をなぜ救助していたのか。

（2）国際社会は、「国連の経済制裁の中、北朝鮮漁船の違法操業を韓国海軍が幇助しているのではないのか」という強い疑念を持っている。これにどう答えるのか。

（3）当初、「すべてのレーダーを起動したら、たまたま哨戒機に当たった」としていたのに、なぜ途中から「照射していない」と主張事実を変えたのか。

（4）近くに北朝鮮の船がいて救助中なのに、「捜索のためのレーダー」が必要だった理由は何か。

（5）無線は明らかに聞こえているのに、哨戒機からＦＣアンテナが向いていることと、その目的を問うた部分が公開映像でカットされているのはなぜか。

（6）二〇一四年に合意された「海上衝突回避規範」で絶対にやってはならないと確認されている火器管制レーダー照射がおこなわれたのはなぜか。

（7）哨戒機の飛行に脅威を感じたなら、「海上衝突回避規範」に基づいて無線での連絡・警告をおこなわなかった理由は何か。

（８）哨戒機は国際民間航空条約の規定である百五十メートルを遵守して飛行した。これに対して「軍用機は三マイル（＝四・八キロメートル）の距離をとれ」と主張する根拠は何か。
（９）聴き取れなかったと主張する自衛隊からの無線連絡は、韓国側が公表した映像でもはっきり聴き取れる。これに応答しなかった理由は何か。
（10）お互いデータを出し合い、再発防止に務めるべきなのに、謝罪を求めたり、「無礼だ」「低空威嚇飛行をしてやる」などとレベルの低い主張をするのはなぜか。

日本は、国際社会を代表して真相を究明しなければならない。ウヤムヤにしたら、日本は国際社会を失望させるだけでなく、これまで同様、「韓国に舐められつづける」だろう。

その回答を待った上で、日本は粛々と韓国への制裁を発動しなければならないのである。

（『正論』二〇一九年三月号）

第二章
報道は歴史を直視しているか

ワンパターンの陥穽

「七十年」とは、こういうものなのだろうか。日本、いや国際的な動きを見ても、そんなことを考えさせられる日々が続いている。

戦後七十年の二〇一五(平成二十七)年、まだ出されてもいない安倍晋三首相の「七十年談話」が国際的にも話題となり、米議会での英語のスピーチも反響を呼んだ。また「明治日本の産業革命遺産」の世界文化遺産登録をめぐっても、さまざまな報道がなされている。

物事をじっくり論評できる新聞の存在意義を示す絶好の機会だが、残念ながら、読者の要望に応えているのか、と考えると、「ノー」と言うしかないだろう。それはワンパターンの陥穽《かんせい》に嵌っていないか、ということに尽きる。何が書かれているか、読み始めたら、すぐに「先が分かってしまう」のである。

安倍首相の米議会でのスピーチに十回以上のスタンディングオベーションがあった

ことは「反日ナショナリズム」を外交手段とする中国と韓国にとっては、快いことではなかっただろう。特に「希望の同盟」という言葉で日米同盟の強化を印象づけた演説は、南沙諸島の岩礁を遥《はる》か八百キロも離れた中国大陸からの土砂で埋め立て、米軍の高官に「これは〝砂の万里の長城〟だ」と糾弾された直後の中国には、より大きなインパクトを与えた。

朝日はその安倍演説に対して〈政治家が未来に向けてビジョンを語るのは大切なことだ。だがそのとき、植民地支配や侵略の被害にあったり、過剰な負担を押しつけられたりしている側の人々に寄り添う姿勢がなければ、説得力は生まれない〉（二〇一五年五月一日付社説）と書いた。過去の歴史に対するお詫びや謝罪の言葉がなかったことを非難し、中国と韓国を後押ししたのだ。

毎日は、〈同盟を強化する動機が、台頭する中国をけん制することに偏り過ぎてはいけない〉（同四月三十日付社説）と、さらに明確に中国側に立つ主張を展開した。両紙とも日頃、中韓の歴史認識に沿った主張を行うことで知られているが、それは今回も変わらなかった。

世界文化遺産登録問題に対する論評でも、該当期間には当たらないのに韓国が一九四〇年代中心の「朝鮮半島からの強制連行」を理由に反対運動を始めると、朝日は、〈1910年、日本は韓国を併合した。その後、多くの朝鮮半島出身者が強制労働させられたのは史料などでわかっている。日本がそのことと誠実に向き合う姿勢を国際社会に示すことは明治日本のめざましい発展を誇るのと同じく、大事なことだ〉（同五月八日付社説）と主張し、毎日も歩調を合わせた。

待遇がはるかにいい日本での成功を夢見て多くの朝鮮の若者が日本に渡ってきた事実など、一方的に相手側の言い分だけを信じ込んでいる彼らには、想像もつかないに違いない。

中国と韓国の「反日ナショナリズム」を一貫して後押ししてきた両紙の思惑は一体、どこにあるのだろうか。戦後七十年――多種多様な意見や論評が飛び交うインターネットの時代に、旧態依然の記事を掲げる一部の新聞がいつまで存続できるのか、その方に刮目《かつもく》すべきかもしれない。

（二〇一五年五月十七日）

「中台トップ会談」報道の核心

新聞は、物事の本質を伝えられているのか。

二〇一四年、朝日新聞の誤報が社会的大事件となり、たった一年で同紙が部数を六十三万五千部も減らした（ABC公査による）ことで、新聞というメディアの存在価値が「どこ」にあるのかが問われている。

二〇一五年十一月八日付朝刊の中台トップによる「習近平―馬英九会談」は、全紙が一面で両氏の握手を写真入りで報じ、しかも解説や談話記事などを含め、多くの紙面を割いた。各紙が大報道を展開したことで、そのことが分析できる絶好の機会となった。

国共内戦に敗れて台湾に逃れた国民党と中国共産党とのトップ会談が「歴史的なもの」だったことは間違いない。だが、総統選を二カ月後に控え、支持率が一〇％台に低迷する台湾の馬総統が、レームダック状態の中で、なぜ会談に踏み切ったのかを、各紙は読者に伝えることができなかったように思う。

いくら読んでも、自由と民主主義を基調とする台湾と、共産党独裁政権によって人権抑圧と周辺国への力による圧迫を続ける中国が、本当に「一つの中国」で意見が一致するのだろうか、という根本的な疑問に対する答えが出てこないのである。

なぜだろうか。

それは、台湾の八割以上を占める本省人（もともと台湾に住んでいた人々）の存在が、明確に意味づけされていない報道だったからだろう。

台湾には、十七世紀のオランダによる支配を皮切りに、鄭成功《ていせいこう》の時代、清朝による支配、そして日清戦争の下関条約後の半世紀にわたる日本統治時代、さらには日本敗戦後の大陸を失陥した国民党統治の時代……という歴史がある。つまり、国民党による戦後の〝白色テロ〟の時代を含め、長い苦労の末に自由と民主主義を勝ち取って、選挙による政権交代を実現したのが、現在の台湾である。

李登輝元総統は、国民党支配の時代も含めて、これまでの支配者たちを「外来政権」と規定している。

戦後、共産党に敗れて大陸から台湾へやってきた人々（外省人）の一族である馬総統と、中国人である習国家主席が、「一つの中国」で合意するのは、不思議でも何でもない。

だが、大多数を占める本省人の支持を失った馬総統が、駆け込みのトップ会談をおこなった理由を報道するとき、この本省人の明確な意味づけと、これまで歩んできた台湾の苦難の歴史を解説しないままでは、とても理解されなかったのではないか。

すでに中国は二〇〇五年に台湾の独立阻止を目的とした「反国家分裂法」を施行している。今回、〈台湾民意への露骨な介入〉という視点で、中台の溝の深さに言及し、掘り下げたのは、わずかに読売と産経だけだった。

物事の本質を摑《つか》むためには、さまざまな専門家の論評が飛び交うネット空間への国民の依存が強まっていくのも、当然というほかあるまい。

（二〇一五年十一月十五日）

オバマ氏広島訪問の舞台裏

タブーを破ることは、どんな場合でも難しい。

しかし、大きな願望と執念があれば、それもやがて可能となる。私は、アメリカのオバマ大統領の広島訪問という〝あり得ない出来事〟を見て、そのことを実感した。それは、そこに至るまでに多くの人の努力があったことを多少なりとも知っていたからである。私は翌日の新聞にこのオバマ氏広島訪問の「舞台裏」がどこまで報じられるか期待していた。

しかし、残念ながらどの新聞にも、「真相」は書かれていなかった。オバマ氏訪問が決まってから、ほぼ一カ月の余裕があり、ケリー国務長官の広島での慰霊碑への献花からは四十六日の期間があったにもかかわらず、である。

私は、予想を遥かに超える十七分間のスピーチを終えたオバマ大統領が坪井直さん（九一）、森重昭さん（七九）という二人の被爆者に歩み寄り、言葉を交わす場面を見て、感動で心が震えた。それは二人目の森さんこそ、オバマ氏を広島に呼び寄せた〝最大の立役者〟とも言える人物だったからである。

森さんにケネディ駐日大使から出席の要請が届いたのは、わずか二日前だ。それは、サラリーマン生活のかたわら、森さんが四十年以上にわたって、被爆死した十二人の米兵捕虜のことをこつこつと調べ上げた人物だったからだ。

広島城内の憲兵隊など三カ所に分散留置されていた米兵捕虜十二人は、原爆で十人が即死し、残り二人は二週間近く生存したが結局、死亡。その二人は憲兵隊によって広島の宇品《うじな》で葬られ、墓標が建てられた。八歳の時に被爆し、友達をはじめ多くの死者を出した原爆の調査をライフワークとした森さんは、彼らの存在を知り、一人一人の名前を特定し、やがて判明したアメリカの遺族を訪ね歩いた。

森さんによって明らかにされた事実は、地元メディア・広島テレビの「オバマへの手紙」キャンペーンで集まった広島市民の手紙とともに二年前にホワイトハウスに持ち込まれた。

「私たちは大統領に謝罪を求めているわけではありません」

「広島市民は大統領の広島訪問を待っています。謝罪ではなく、広島の地から、犠牲者への追悼と核廃絶への祈りを発してほしいのです」

そんな広島市民の声が直接、米政権中枢に届いたのである。

これまでアメリカ大統領の広島訪問が叶わなかったのは、全米最大の圧力団体である「アメリカ在郷軍人会」（American Legion）の反対があったからである。二発の原爆投下によって日本を降伏に追い込み、多数の死者が出ることが確実視されていた日本本土での決戦は回避された。これによって多くの米兵の命が救われたのだ。

その原爆を謝罪することなど許されるはずがない。しかし、広島からは「謝罪」ではなく、「米兵十二名を含む全犠牲者への追悼と核廃絶への祈りを広島で発してください」という願いが届いたのだ。アメリカの在郷軍人会が大統領の広島訪問に反対できない形を広島の人々がつくり上げたのである。

さらに伊勢志摩サミットが決まったあとでも、岩国米軍基地を経由することで伊勢志摩からの広島訪問が物理的、時間的に可能であることが広島のメディアの人間によって伝えられた。

オバマ氏の広島訪問は、こうした広島の名もなき人々の執念によって成し遂げられたものだった。広島の人々の〝赦《ゆる》しの心〟から発したこの奇跡をマスコミは読者に示してほしかったと思う。

なぜ新聞は、通り一遍の報道しかできないのか。なぜ世の中の疑問の解明やタブーへの挑戦を週刊誌に〝丸投げ〟するのか。

新聞のデスクも現場の記者も、その「なぜ？」を、自分の胸に問うてほしい。

（二〇一六年六月十二日）

なぜ「棄権」ではなかったのか

それは多くの国民にとって衝撃だっただろう。

核軍縮を扱う国連総会第一委員会が、核兵器を法的に禁止する「核兵器禁止条約」の交渉開始を明記した決議案を賛成多数で採択したニュースである。オーストリアなどが出したこの決議案に日本が「反対した」というのだ。

提唱した国々からは、「被爆国なのになぜ?」「残念」といった声が飛んだ。「核兵器国と非核兵器国の亀裂を深め、核兵器のない世界の実現が遠のく」という菅義偉《すがよしひで》官房長官の談話を聞いても多くの国民は納得できなかったに違いない。では、その「なぜ」に新聞はどう答えたのか。

日本が「反対票」を投じたことを評価したのは、読売と産経で、朝日と毎日は疑問を呈した。

読売は、〈肝心な点を先送りにし、多数決で条約作りを進めても、実効性は期待できまい〉（二〇一六年十月二十九日付社説）とし、産経は、〈安全保障の根幹を米国の「核の傘」に依存する日本は、決議案に反対票を投じた。国民を核の脅威から守り抜く責務がある、唯一の被爆国の政府として、妥当な判断といえよう〉（同三十日付主張）と書いた。

一方、毎日は、〈対立が深いのなら、なおのこと日本は決議案に反対すべきではなかった。反対しておいて、今後、橋渡し役を果たすと言っても、どれだけ説得力を持つのか疑問だ〉（同二十九日付社説）、朝日も〈反対表明は、より核保有国に近い立場をとると宣言したに等しい。理解しがたく、きわめて残念だ〉（同日付社説）と厳しく指弾した。

日本はこの決議の前に、核兵器不拡散条約体制の強化を謳った「核兵器の全面的廃絶」に向けた決議案を米国を含む百十カ国と共同提起して採択されている。実に二十三年連続の採択だ。

日本は自分が提案したものでなければ、反対票を投じるのか。どの部分が核保有国と非保有国との亀裂を深めるというのか。残念ながら新聞には、その答えと、日本が反対票を投ずるまでの内幕は書かれていなかった。

この決議案反対は、米国の核の傘に守られている日本が、その「核の抑止力」を公式に認めたことを示している。被爆国でありながら、原爆を落とした国の「核抑止力」に頼らなければならない日本の現実と苦悩がそこにはある。

だが、では、なぜ「棄権」ではなく「反対」だったのだろうか。米国がたとえ反対への圧力をかけてきたとしても、唯一の被爆国として、「仰《おっしゃ》ることはわかります。でも反対ではなく、棄権にまわらせてもらいます」と、なぜ言えなかったのか。

米国に対しても、感謝すべきは感謝し、しかし、言うべきことは言わせてもらう。それが被爆国としての日本が国際社会で果たすべき役割ではないだろうか。その視点に立って謎の解明に挑んだ新聞は一紙もなかった。国連の中の激しい駆け引きと鍔迫《つばぜ》り合いの内幕を報じる新聞の登場を是非、待ちたい。

（二〇一六年十一月六日）

終戦記念日　〝悪〟は常に日本

終戦記念日の新聞を読むと、毎年、あることを思う。
一体、「いつ戦争が始まるのか」ということである。二〇一七年もそうだった。
〈嫌な流れ止めねば　あの時代と似た空気〉（毎日）
〈誰が戦争を止めるのか　終戦の日に考える〉（東京）
〈72年目の8月15日　色あせぬ歴史の教訓〉（朝日）
新聞は、盛んに「戦争の危険性」を説いてくれた。確かに弾道ミサイル発射実験によって米国への挑発を止めず、一触即発の状態を続ける北朝鮮や、尖閣諸島への領土的野心を剝《む》き出しに領海侵入をくり返す中国との間で、いつ日本が危機的状況に追い込まれるか分からない。だが、新聞が懸念するのは、そんな〝世界の脅威〟北朝鮮や中国のことではない。
あくまで戦争を始めるのは、この「日本」なのである。朝日の社説（二〇一七年八月十五日付）によれば、〈歴史に通じた人々から「戦前と似た空気」を指摘する声が相次ぐ。安保法制や「共謀罪」法が象徴のように言われるが、それだけではない。もっと奥底にあるもの、いきすぎた自国第一主義、他国や他民族を蔑視する言動、「個」よりも「公の秩序」を優先すべきだという考え、権力が設定した国益や価値観に異を唱えることを許さない風潮など、危うさが社会を覆う〉とのことだ。新聞が主張するのは、この平和国家日本が「戦前」にあるということである。

しかし、何十年も新聞はそう書き続けたのに、日本は戦争を起こさなかった。

〈「新しい戦前始まった」と靖国公式参拝で社党委員長〉

〈首相の靖国神社公式参拝に「今後」を危ぶむ声も〉

〈各国の反応は？　内外に広がる警戒・懸念〉

これは、三十年以上も前の一九八五（昭和六十）年、当時の中曽根康弘首相の靖国公式参拝が話題になったときの朝日の紙面である。

近づく戦争の足音。戦争をいかに防ぐか。平和を蔑ろにする政府とどう闘うか――私たちは毎年、終戦記念日にそんな記事を読まされてきた。

だが、どう不安を煽ろうと、日本は揺るぎなく平和の道を歩んできた。そして平和を脅かすようになったのは、新聞が〝地上の楽園〟と囃《はや》し、〝悠久の大国〟と讃えてきた北朝鮮や中国の方だった。それでも新聞にとっての〝悪〟は日本だった。なぜだろうか。

「私たちは、戦争をしたい人たちとペンで闘っている」。そこには新聞特有のそんな自己陶酔がある。それは、刻々と変わる内外の情勢に対して、平和を守るための「現実的対応」を懸命にとろうとする現実的平和主義者たちを勝手に「戦争に向かう人たち」と決めつける傲慢《ごうまん》さに支えられたものにほかならない。

現実を見ようとせず、自己陶酔した視野狭窄《きょうさく》の中にいる新聞のことを考えさせてくれる日――それが終戦記念日である。だが、彼らの視点からたとえ欠落してはいても、日本の礎《いしずえ》となった戦没者たちの無念だけは、私たち後世の日本人は決して忘れまい。

（二〇一七年八月二十七日）

主張なき「議員外交」など不要

くり返される韓国の横暴に、ついに寛容な日本人も堪忍袋の緒《お》を切り、韓国に対して嫌悪感を抱く国民が圧倒的になっている。私は皮肉ではなく「将来の真の日韓関係」のためには、喜ばしいことだと思う。

延々と続いた日本の謝罪外交が、両国の距離を縮めるどころか、逆の結果を生んだことが明白となったのだ。その意味では、そのことを認識させてくれた今回の〝徴用工〟判決も、むしろ前向きに捉えるべきだろう。そんな中、二〇一八年十二月十四日、日韓議員連盟と韓日議員連盟との合同総会がソウルであった。

かつてソウル地下鉄事件では、アメリカの銀行を迂回させてまで利権を貪《むさぼ》った自民党の有力者がいたように、日韓の友好を謳う議員たちには、どうしても胡散《うさん》臭さがつきまとう。しかし、今回ばかりは、さすがに韓国に対して毅然《きぜん》とした態度を示すことができるのか、私は注目していた。だが〝予想通り〟、期待は一蹴された。

額賀福志郎会長ら代表団はこの日、大統領府で文在寅大統領と会談し、「個人請求権は消滅していない。両政府で解決の方法を話し合っていきたい」という文氏の話をありがたく拝聴し、赤旗によれば、参加した共産党の志位和夫委員長は、「被害者個人の請求権を消滅させないことは日本政府も公式に表明している。両国政府はこの点で一致している。被害者の名誉と尊厳回復に向けた前向きの解決が得られるよう、冷静な話し合いが大切だ」と述べたというのである。

韓国側が泣いて喜ぶような物言いである。その後、合同総会が開かれ、両国の友好協力の強化に努力することが共同声明で確認され、文氏訪日の早期実現を支援することでも合意したというのである。果たして、このニュースに溜息《ためいき》を吐《つ》かない日本人はいるだろうか。

周知のように、日本には国内に多くの「反日活動家」が存在する。そして、彼らをアト押しするマスコミによってさまざまな問題が惹起《じやっき》され、両国の間にヒビが入り続けた。

誤報から始まった教科書問題、煽られた靖国公式参拝問題、捏造《ねつぞう》された慰安婦の強制連行……等々、挙げ出したらキリがない。そして、今回の日韓議連の議員たちである。日韓の距離が開く原因を国民もさすがに気づいたに違いない。

今回、安倍晋三首相は初めて合同総会に祝辞も出さず、また文氏への親書も託さなかった。しかし、安倍首相を批判する新聞はあっても、肝心の議員連盟の行動に非難の言論を展開したのは産経一紙だけだった。

一方的な謝罪外交の時代はもう終わった。いつまで謝ればいいのか、という「常識」が日本の若者に広がっている。韓国人によって世界中に建てられている慰安婦像なるもので直接、被害を受けているのは海外に飛躍しようとするその日本の若者だ。

真の友好の「敵」が誰であるかを若者はしっかりその目に捉えている。新聞が総崩れする所以《ゆえん》がそこにある。


（二〇一八年十二月三十日）

知りたいことが報じられない日露交渉

日本には新聞や週刊誌、月刊誌など、さまざまな形態の組織ジャーナリズムが存在している。私は、これらは主に「報道型ジャーナリズム」「論評型ジャーナリズム」「告発型ジャーナリズム」の三種類に分類できると考えている。

告発型は「真相究明型」と言い換えてもいいだろう。もちろん、全ての要素を備えているものもあり、「この媒体はこれだけ」というのではない。あくまで「これが中心」という意味の分け方である。

その中で新聞は三つを網羅した媒体としてジャーナリズムの世界に長く君臨してきた。多くの記者を抱えて記者クラブに配置し、政、財、官、司法、捜査機関などの情報をできるだけ収集し、論評し、時に真相究明という役割も果たしてきた。

しかし、いま新聞に往時の輝きはない。いつの頃からか、自己の主義・主張、すなわちイデオロギーに固執し、事実そっちのけで紙面がそのことを「訴える場」であるかのように錯覚してしまった。読者は敏感で、そんな臭《くさ》みが増すにつれ、そして特筆すべき情報が少なくなるにつれ、新聞離れを加速させた。

受け皿は、もっぱらインターネットだ。通り一遍の新聞情報に頼らずとも、案件の当事者や専門家が、ネット上でさまざまな形で情報発信をしてくれる。つまり、新聞を読まなくても不都合はなくなったのだ。だが、そうなっても、私は毎朝配られてくる新聞に〝かつて〟のような期待を込めて目を通す。

国民の最大関心事である日露北方領土交渉についても、読者は知りたいことが山ほどある。しかし、官邸・外務省ともに当局者の口が堅く、新聞はまるで真相に肉薄できない。交渉に影響を与えるような生の情報は、もちろん報じなくていい。だが、工夫次第で読者を唸らせる記事はいくらでも可能なはずなのに、記者たちのレベルが低下し、ただクラブで発表を待っているだけの現状では、そんな報道など望むべくもないのだ。

二〇一九年一月十四日、ロシアのラブロフ外相が「日本は、ロシアが北方領土を合法的に獲得したと認めよ」と会見をしたときも隔靴掻痒《かっかそうよう》の記事ばかりだった。ただ産経だけが佐藤優・元外務省主任分析官の〈ラブロフ発言を読み解く〉とのコラムを掲載し、これはロシア国内向けの発言で、国内を説得するために、日本も〈この点をよく理解して知恵を出してほしい〉というメッセージであり、日本側が〈この宿題を解かなくてはならない〉と論じた。凄まじい駆け引きの一端を垣間見た読者もいたに違いない。

首脳会談でも領土問題解決の目処《めど》は立たないが、多くの新聞が自らの使命を果たせず、工夫の仕方も退化し、国民世論を喚起することすらできていない。情報や映像が高速かつ大容量で飛び交う、来るべき「5G時代」に、こんなことで新聞の生き残りは果たして可能なのだろうか。私の懸念は日々、膨らむばかりだ。

（二〇一九年二月三日）

「天皇制」を否定したい新聞

平成から令和にかけての洪水のような皇室報道の中で、朝日新聞の二〇一九年四月二十五日付「天声人語」には、言葉を失った。

〈敗戦の年の夏のことを、作家の坂口安吾が苦々しく書いている。「国民は泣いて、ほかならぬ陛下の命令だから、忍びがたいけれども忍んで負けよう、と言う。嘘《うそ》をつけ！　嘘をつけ！　嘘をつけ！」。われら国民は戦争をやめたくて仕方がなかったではないかと（「続堕落論」）▼日本人のそんな振るまいを安吾は、「歴史的大欺瞞《ぎまん》」と呼んだ〉

そんな書き出しで始まる天声人語は、安吾の言葉に託す形で、国民が自分たちでは何も言えず、権威の行動と価値観に身をゆだねてきたのは、自らを欺《あざむ》く行為に等しいと説く。

そして天皇が元首でなくなり、象徴となった今もその精神構造を〈引きずって〉いると指摘するのである。

また天皇の第二次大戦の戦地への訪問を勝手に、

〈日本の加害の歴史を忘れないようにという試みだったのだろう〉

と類推し、その上で、

〈「おまかせ民主主義」という言葉がある。投票にも行かず政治家や官僚に従うことを指す。同じようにすごく大事なことを「象徴の務め」にまかせて、考えるのを怠ってこなかったか。天皇制という、民主主義とはやや異質な仕組みを介して▼世襲に由来する権威を何となくありがたがり、ときに、よりどころにする。そんな姿勢を少しずつ変えていく時期が、来ているのではないか〉

と国民を糾弾してのけた。ああ、ここまで書くのか、と私は思った。

平成の間、天皇皇后両陛下は確かに先の大戦の激戦の地を訪ね歩き、深く頭《こうべ》を垂《た》れられた。国民は、そこで命を落とした人々の無念を思い、追悼のお気持ちをその背中から感じとったものである。

しかし、天声人語子の解釈では、それが、〈加害の歴史を忘れないように〉するためだったのだそうだ。

また「天皇制」という「世襲」に由来する権威をありがたがり、よりどころにするのはもうやめようともいう。これほど痛烈な皇室批判を昨今、私は目にしたことがない。

国民の安寧《あんねい》と幸せを祈る務めを果たされてきた天皇。伝統と秩序を重んじる日本人は、その天皇制を二千年の長きにわたって守り抜き、いつの間にか、日本は〝世界最古の国〟となった。

だが、朝日は「もうありがたがるな」というのだ。考えてみれば、元号の典拠を「漢籍」ではなく、初めて「和書」に求めたことに対しても、最も異を唱えたのが朝日だった。ひたすら中国に寄り添ってきた新聞らしいと、納得する向きも少なくあるまい。

逆に私は朝日に問いたいと思う。それほど日本がお嫌いなら、なぜいつまでも日本にいるのですか、と。

（二〇一九年五月十九日）

論点

二二八事件　坂井徳章の「正義と勇気」

トランプ大統領の発言

二〇一七（平成二十九）年一月十二日、トランプ氏がウォールストリート・ジャーナル紙の取材に対して、中国と台湾が共に「一つの中国」に属するという考えを「見直す可能性」を示唆した。

「中国とは〝一つの中国〟を含む全てが交渉の対象だ」

この発言は、中国に計り知れない衝撃と怒りをもたらした。中国との経済交渉を「有利に持っていく」ためのトランプ氏らしい周到な発言という観測もある一方、新設された「国家通商会議」のトップに、中国問題随一の専門家であり、同時に対中強硬派で知られるピーター・ナヴァロ氏（カリフォルニア大学教授）が就任したのをはじめ、中国にとっては「あり得ないこと」が続く中での発言だった。

さっそく中国外務省の陸慷報道局長は、「台湾は中国領土の分割不可能な一部分であり、中華人民共和国政府が中国を代表する唯一の合法政府だ。これは国際社会において公認された事実であり、誰も変更することはできない」と猛反発した。

台湾の蔡英文総統の中米歴訪に合わせて、中国の空母「遼寧《りょうねい》」が、威嚇するかのように、ぐるりと台湾を一周するなど、年明け以降、不穏な空気が漂っている。

折しも、台湾では、この二〇一七年二月二十八日に「二二八事件七十周年」を迎える。一六年に発足した蔡英文政権は、国家的事業として、この七十周年を位置づけている。それは、大陸と自分たちとは「いかに相容《い》れないか」を内外に示すものでもある。

私は、七十周年を前に、〝日台同時発売〟となったノンフィクション『汝、ふたつの故国に殉ず』を上梓した。日本では角川書店から、台湾では玉山社出版公司からの刊行である。

私は、「二二八事件」と、この事件で多くの台湾人の命を救い、命日が台南市の「正義と勇気の紀年日」にまで制定されている弁護士「坂井徳章（台湾名・湯徳章）」のことを日本人に知っていただきたいと思う。台湾が歩んだこの苦難の歴史を知れば、なぜ台湾で常に日本が圧倒的に好感度一位であり、同時に日本にとって、その台湾を守ることがいかに自らを「守ることに繋がるか」が、わかってもらえると思うからである。

国際社会の「壮大な虚構」

台湾に行くと、誰でも抱く「疑問」がある。言いかえれば、それは、国際社会の「壮大な虚構」とでも表現すべきだろうか。

台北には、厳《いか》めしい総統府があり、日本の国会にあたる立法院があり、国防部（防衛省）もあり、外交部（外務省）があり……と、すべての官庁が揃っている。国家としての「統治機構」は、すべて整っており、どこの国にも見劣りしない。

それもそのはず、一九七一年まで、台湾（当時の中華民国）は、米、英、仏、ソ連（現在はロシア）と共に、国連安全保障理事会の「常任理事国」だった。

歴史的に見れば、日本の真珠湾攻撃によってアメリカが第二次世界大戦に参戦し、一九四二年一月一日に二十六カ国によって「連合国共同宣言」が発せられた。この中で最大の力を発揮し、戦争を完遂した「四大国」こそ、米、英、ソ連と中華民国だったのだ。つまり、中華民国は戦後発足したUNITED NATIONS（日本では「国際連合」と訳す）でも、最重要な創立メンバーだったのである。

しかし、中華人民共和国（以下、「中国」）の国連加盟を認めたアルバニア決議（第二七五八号決議）を不服として、一九七一年、中華民国は国連を脱退する。もっとも、国連憲章の記載（第二十三条）では、いまだに中華民国が安全保障理事会の「常任理事国」となっている。

そんなかつての〝大国〟が、今は、国際スポーツの大会でも「チャイニーズ・タイペイ」なる奇妙な名称で呼ばれ、さまざまな国際組織や会議からも、事実上、締め出されている。つまり、中国による「一つの中国」の主張と圧力に従って、台湾は「国家」として認められていないのである。

しかし、先に記したように、台湾はどこから見ても「国家」であり、中国の統治は、今に至るも一度も及んではいない。言ってみれば、トランプ氏の冒頭の発言は、この国際社会の「壮大な虚構」に対して、初めて〝疑問の声〟を挙げたものだった。

毛沢東率いる中国共産党が中華人民共和国の成立を宣言したのは、一九四九年十月のことだ。そして、国連にやっと加盟できたのは、それから二十二年後の一九七一年である。毛沢東と蔣介石――生涯の仇《かたき》同士だった二人の領袖は、お互いを殲滅する夢を見続けたが、一九七〇年代半ばに相次いで死去する。しかし、その遺恨は今も続いていることになる。だが、トランプ氏は、そんな奇妙な「現実」に彼らしい方法で疑問を呈したのである。

「二二八事件」とは

さて、本題の「二二八事件」にもどそう。一九四七年二月二十八日に勃発したこの事件は、国民党政府と軍による台湾人弾圧・虐殺事件のことである。犠牲者の総数は、二万人を超える。

敗戦により台湾から去った日本軍と日本人。その代わりに、台湾の新たな統治者となった国民党政府は、共産軍との熾烈《しれつ》な内戦が始まったため、蔣介石が台湾に陳儀《ちんぎ》を行政長官として差し向け、統治に当たらせた。

しかし、台湾は半世紀におよぶ日本統治で、世界有数の高い教育レベルを誇る地となっていた。就学率は七〇％、識字率も九〇％を超えるという水準は、当時の国際社会で、いずれもトップクラスである。だが、そこへ、混乱が長く続き、就学率・識字率も極めて低い〝大陸からの支配者〟が渡台してくるのである。

終戦二カ月後の双十節（十月十日）に台湾各地に進駐してきた国民党軍の姿を見て、台湾人は仰天し、失望する。

草鞋《わらじ》や裸足《はだし》姿の兵隊は、よれよれの軍服に、天秤棒《てんびん》で荷物を担《かつ》いだり、あるいは、なべ釜まで網に放り込み、それを背負って民衆の前に現われたのだ。

唖然とする台湾人をよそ眼に、彼らは台湾からの財産収奪を容赦なくおこない、食糧、工業品、農作物……果ては、工場で生産に不可欠な機械類まで手当たり次第に奪いとり、大陸へ持っていって売り捌《さば》いたのである。

飢餓状態に陥った台湾では、自殺者が相次ぎ、経済破綻とインフレが人々を苦しめ、台湾人の不満がやがて爆発する。

一九四七年二月二十七日、台北でたばこ売りの寡婦《かふ》が警察に殴打された出来事をきっかけに二二八事件は勃発した。抗議の人々に警察が発砲し、翌二十八日には、台北の専売局が民衆に襲われた。さらに、行政長官公舎に押しかけた民衆デモに対して警備隊が機銃掃射をおこない、多数の死者が出る事態となる。

怒った民衆は台北放送局を占拠し、全島に「決起せよ。中国人を追い出せ」という放送が流れるのである。台中、嘉義、台南、高雄……次々と民主化要求の民衆蜂起は広がり、台湾全島が大混乱に陥っていく。

一方、各地で、二二八事件処理委員会が発足し、台湾人による治安の維持と騒乱の鎮静化もはかられた。拙著の主役・坂井徳章弁護士は、台南市において、国民党軍による弾圧を避けるために暴乱を押しとどめた人物である。

台南市の参議員という地位にあった徳章は、民衆蜂起に対して、どんな弾圧と迫害が待っているかという「先」を読んでいた。徳章は、台南市の二二八事件処理委員会の治安組組長となり、蜂起しようとする学生たちの集会に乗り込み、蜂起を断念させるなど、民衆を守るために必死の活動を展開する。すでに蜂起していた学生たちからは、武器の回収を実施し、彼らの「命」を救うのである。

徳章の苦難の人生

徳章は、熊本県の宇土《うと》出身の日本人警察官の父と台湾人の母との間に生まれた。つまり、徳章は、「日本人」であり、同時に「台湾人」でもあった。日台の〝絆《きずな》〟を生まれながらにして表わす人物だと言っていいだろう。

徳章は、台湾南部の台南州で育つが、八歳の時に父・徳蔵が「西来庵事件《せいらいあん》」という警察襲撃事件で命を落としている。

台湾人の母の手ひとつで育てられた徳章は、貧困の中でも抜群の頭脳を発揮した。辛酸を舐《な》めながら巡査となった徳章は、警察で順調に出世していく。しかし、次第に台湾人差別の実態に失望し、本島人（台湾人）として只一人、警部補に出世していたにもかかわらず、警察を辞職する。

「差別をなくし、台湾人の人権を守るために弁護士になる」

徳章は帝都・東京に父の弟である坂井又蔵を頼って妻と幼い息子と共に上京し、当時の日本の最難関国家試験である高等文官試験に挑戦するのである。

又蔵の養子となった徳章は、「小学校卒」という学歴にもかかわらず、「専検試験」「予備試験」「本試験」という三つの試験勉強を同時並行でおこなった。そして、中央大学法学部の聴講生として、一九四一年十月、ついに高等文官司法科試験（現在の司法試験）に合格。昼も夜も、また冬も夏もない凄まじい猛勉強は、いまも語りぐさとなっている。

徳章を支えたのは、「なんとしても台湾に人権の確立を」という強烈な使命感と意志だった。だが、初志貫徹のために台南に帰った徳章を待っていたのは、日本の敗戦、国民党軍の進駐、蔣介石政府の圧政という激変にほかならなかった。そして、台湾人の人権を守るために弁護士として東奔西走する徳章が遭遇したのが、この二二八事件だったのである。

「正義と勇気の日」

二二八事件が勃発して十日後の三月九日未明、国民党軍の精鋭第二十一師団が基隆と高雄から上陸する。徳章の予想通り、それまで民主化を承諾していた陳儀・行政長官は、方針を翻し、事件の首謀者たちが「潜入してきた共産党分子」と「留用日本人」であったとし、弾圧に乗り出していった。留用日本人とは、戦後も引き継ぎや技術移転等のために、乞われて台湾に残っていた日本人のことだ。

陳儀は、彼らを騒乱の首謀者に「仕立て上げた」のである。事件を鎮静化させようと奔走した徳章らも逮捕される。国民党政府は、この事件を機にエリート層の一掃を狙い、日本統治時代の知識階層を一網打尽にしようとしたのである。

二二八事件研究の第一人者、李筱峰・国立台北教育大学台湾文化研究所専任教授はこう語る。

「二二八事件には、国民党がこの機会に乗じて〝計画的に〟台湾各地のエリートを捕らえて殺害したという一面があります。湯徳章さんをはじめ、全島各地の数多くの各界エリート名士は、いずれも三月九日からほぼ一カ月間に逮捕され、殺害されていま す。つまり、彼らの大部分は、暴動に関わっていないにもかかわらず、計画的に〝謀殺〟されたのです」

日本統治時代のエリート層の一掃――それこそが恐るべき二二八事件の目的だったというのである。

逮捕された徳章は、激しい拷問を受けた。

しかし、学生をはじめ、リーダーたちの名を決して洩《も》らさなかった。「誰だ！　おまえに武器を引き渡したのは、誰なんだ！」。逆さ吊りにされ、銃床で殴りつけられ、あばら骨を折られても、徳章は誰の名前も出さなかった。

多くの台湾人に衝撃と感動を残したのは、徳章が処刑される時だ。無実の罪を着せ

られて民生緑園という公園にトラックで引き立てられてきた徳章は、目隠しも、木に縛りつけられることも拒否し、

「私に目隠しをする必要も、また、木に縛りつける必要もない！　なぜなら、私には〝大和魂の血〟が流れているからだ！」

と叫んだ。すべて台湾語である。さらに、

「もし、誰かに罪があるとしたら、それは私一人で十分だ！」

自分一人が罪を被って死んでいく、だから心配するな、こんなやつらに絶対に負けるな！　と、徳章は民衆の魂に呼びかけたのだ。そして、最期に台湾語ではなく「日本語」で、こう叫んだ。

「台湾人、バンザーイ！」

その時、銃声が轟《とどろ》いた。徳章は、三発目の銃弾が眉間《みけん》を貫いた時、巨木が倒れるようにゆっくりと崩れていった。驚きと感動で人々は言葉を失ったままだった。

自分の命と引きかえに、台南の人々の命を救った坂井徳章弁護士の最期の姿は、三十八年という世界最長の戒厳令下でも、秘かに語り継がれていく。そして、半世紀の後、徳章は忽然《こつぜん》と復活する。台南市が、徳章が処刑された現場となった民生緑園を

「湯徳章紀念公園」と改名し、同時に徳章の胸像を建てたのである。さらに十六年後の二〇一四年、頼清徳《らいせいとく》・台南市長は、徳章の命日を台南市の「正義と勇気の紀念日」に制定したのだ。

私は、二二八事件と、台湾人を救うために自らを犠牲にした徳章の存在は「何を意味するのか」と思う。二二八事件から七十年後、台湾は、今度は国民党と戦った中国共産党の脅威に晒されている。

台湾の自由と民主と人権が再び犯されようとしている今、日本が中心となって「日・米・台」の強固な結束を示して、台湾への中国の武力侵攻を何としても阻止しなければならない。

平和を守ることの「意味」を坂井徳章が遺《のこ》した言葉と行動から、是非、考えて欲しいと思う。

(『正論』二〇一七年三月号)

第三章
「謝罪」の後の主義主張

朝日の描いたシナリオ

新聞とは何だろう。この夏以降、そんな根本的なことを考える国民が増えているのではないだろうか。

朝日が二〇一四（平成二十六）年八月五、六日付で「慰安婦報道」の検証を行い、そのことへの不満が噴き出し、さらに九月十一日には、所長命令に「違反」して原発所員の九割が撤退したという「吉田調書」報道も全面的に撤回し、謝罪した。

朝日には慰安婦報道に対して第三者委員会が設置され、初会合も行われた。新聞の存在意義そのものを問う事態が進行しているのである。

しかし、私は二〇一四年十月十日付の朝日の紙面を見て、思わず笑いがこみあげてしまった。そこには、〈本紙の慰安婦報道第三者委初会合〉という特大の記事があり、トップに〈忌憚《きたん》ない批判と提言を〉と題して、木村伊量《ただかず》社長のあいさつが出ていた。

「いかなる前提もつけず、忌憚のないご批判、ご意見、具体的なご提言を賜りたい」

「朝日新聞が信頼を取り戻し、ジャーナリズムとしての責務を今後も果たしていくためにも、厳しく、かつ前向きなご議論をしていただきたくお願い申し上げます」（傍点筆者）

　木村社長は一方で、「いかなる前提もつけず」と言いながら、責務を「今後も果たしていくために」と、しっかり「注文」をつけていたのである。少なくとも「廃刊」や「解体」などの提言ではなく、「前向きな結論」への注文である。

　そもそも第三者委員会とは、お役所や不祥事を起こした大企業などが、世間の非難をかわすために設置するものだ。いわば〝ガス抜き〟のための委員会である。

　ある程度厳しい意見を出してもらい、〝真摯《しんし》〟に反省する態度を示して国民の怒りを和らげ、「再出発」するためのものだ。設置の時点でシナリオと着地点は決まっている。そのことを木村社長は冒頭からバラしてしまったのである。

　違和感と怒りを持ったのは、私だけではないだろう。なにも第三者に聞かなくても、問題の本質は明らかだからだ。

「慰安婦」が強制的に戦場に連行された女性たちであるとして、事実に基づかないまま「慰安婦＝性奴隷」を世界に広めた朝日。なぜ事実をねじ曲げてまで日本を貶めなければならないのか。なぜそんな偏向報道を自分たちはつづけてきたのか。そのことを自分自身の「胸に問えばいいだけのこと」だからだ。

私事で恐縮だが、私は「吉田調書」問題で朝日の「誤報」を指摘し「法的措置を検討する」という抗議書を複数回、送られた（のちに朝日が謝罪・撤回）。自由な言論を重んじるべき報道機関が、逆にそれを圧殺しようとしたのである。

そして、今度はお役所と同じく第三者委員会を設置して、そこに「注文」をつけて結論を誘導する――私は朝日が描くシナリオのために引っ張り出された委員の方々に深く同情すると共に、朝日には報道機関としての「根本」をあらためて問いたい。

（二〇一四年十月十九日）

記者教育の「失敗」はなぜ？

二〇一四年が〝新聞不信の年〟だったとするなら、二〇一五年は、新聞が生き残れるか否かの〝サバイバル元年〟となるだろう。慰安婦や吉田調書問題といった朝日新聞誤報事件は、単に朝日のみならず、新聞業界全体の問題になったといえる。

二〇一四年末に出た当の朝日新聞の「第三者委員会」の報告書の中で、外交評論家の岡本行夫委員が、「新聞は運動体ではない」と朝日を厳しく指弾していた。まるで反日運動や反原発運動といった「運動体」の機関紙と化したような一方的な紙面に高い購読料を払っている読者は、思わず「その通り！」と膝《ひざ》を打ったことだろう。

しかし、私は、新聞はさらに構造的で深刻な問題を抱え込んでいると思っている。それは、コンテンツを生み出す根源である記者の「取材力の低下」である。

かつての新聞と昨今の新聞の最も大きな「差」は、どこにあるかと聞かれたら、読者は何と答えるだろうか。

私は、「それは写真にある」と迷わず答えさせてもらう。

かつての新聞には、事件のとき、必ず被害者と加害者の写真が紙面に出ていた。当事者の写真を探してくるのがサツ回りと呼ばれる若手記者の第一の仕事だったからだ。だが、悲しみにくれる被害者、あるいは茫然《ぼうぜん》とする加害者の家に行って写真をもらい受ける仕事のつらさは、想像以上だ。

しかし、これは新聞記者を育てる上では必要不可欠なものだった。言うまでもないが、その人物の写真を持っているのは、家族や親友など、ごく近しい関係者に限られる。

それを短時間に探し出し、しかも説得して写真を借りるのだ。そこでは、怒鳴られたり、塩をまかれたりするのが当たり前の取材活動が展開される。若い記者はこの取材を通じて、物事の核心に迫る、すなわち当事者や関係者に肉薄する必要性を知らず知らずに学んでいたのである。

だが一九九〇年代、マスコミの横断組織「マスコミ倫理懇談会」で、日弁連の弁護士などが基調講演を行うようになり、新聞も、うわべだけの「正義」を唱え出し、写真さえも紙面から減っていく。犯罪者の利益を過剰に擁護することが、あたかも「人権である」と誤解した、頭でっかちな記者が育っていくのである。

彼らは地道な取材活動よりも記者会見がすべてであると思い、そこで執拗《しつよう》な質問をくり返して失言を誘い、それを特筆大書することがスクープであると勘違いするようになった。自らの手足を縛り、取材力が弱体化した新聞には「情報」ではなく、「主義主張」にこだわり、「運動体」と化していく運命が待っていたのかもしれない。

今から足腰のある記者をどれだけ育てることができるか。新聞の生き残りが難しいといわれる所以がそこにある。

（二〇一五年一月十八日）

本当に「右傾化」なのか

統一地方選前半戦の結果は、自民党の圧勝に終わった（注／統一地方選は二〇一五年四月十二日と二十六日に分けて行われた）。

すべての知事選で与党推薦の候補が当選し、大阪府以外の四十道府県議会で自民党が第一党を維持した。安保法制をはじめ、さまざまな問題で安倍政権への厳しい非難を続ける新聞には、虚しさがこみ上げてくるだけだろう。

しかし、翌四月十三日付の東京新聞社説によれば、「安倍政権は地方の意見や世論にも謙虚に耳を傾けるべきである」とのことで、これは民意を反映したものではなかったらしい。同紙は、わずか一週間前の六日付では、翁長《おなが》雄志沖縄県知事と菅義偉官房長官との会談を論評し、「翁長・菅初会談　民意の重さ受け止めよ」という社説を掲げていた。つまり、自分たちが支持する側が勝利したときと、逆の場合とでは、選挙結果が出ても全く異なる主張がなされるのである。

選挙の結果をあらかじめ予想していたのか、朝日新聞にも興味深い記事があった。投票前日の十一日、日本の「右傾化」について、丸々一面を使って「耕論」というページで大特集が組まれていた。そこには学者、政治家、ライターの三人が登場し、意見を披瀝《ひれき》していた。それは、いまだに朝日は左右の対立という単純な視点しか持ち得ていないことを示すものでもあった。

一九八九年のベルリンの壁崩壊以降、左右の対立は、世界史的にも、また日本でも、とっくに決着がついている。自民党と社会党との左右の対立で始まった「五十五年体制」の思考からいまだに抜け出すことができないメディアのありさまは〝マスコミ五十五年症候群〟とでも呼ぶべきものだろう。だがそんな旧態依然の論調とは無関係に世の中はとっくに違う段階に移っている。

それは、「左右」の対立ではなく、「空想と現実」との対立である。冷戦下、米国の軍事力の傘の下、空想的平和主義を謳歌《おうか》してきた日本が、中国の膨張主義と軍事的脅威にいや応なく向き合わざるを得ない時代を迎えている。

その現実を前に、「相手に手を出させない」ため、つまり、「平和を守る」ために、さまざまな手を打たなければならなくなった。しかし、左右の対立という単一の視点しか持ちえない朝日は、「日本の右傾化が問題」という論調を今も続けている。

実際には、どうだろうか。左右の対立などではなく、すでに「空想家、夢想家（dreamer）」と、現実を見据えようとする「現実主義者（realist）」との対立、つまり〝DR戦争〟とも言うべき時代が来たのではないだろうか。はからずも、この朝日の「右傾化」の記事の中で、国際政治学者の三浦瑠麗《るり》さんがこう語っている。

「これは中国の軍事的脅威の増大と米国の力の低下という実情にリアルに対応するものと見るべきで、右傾化とまでは言い難いと私は考えます」

それは、簡潔にして明快な見解であり、同時に朝日に対する痛烈な皮肉でもある。日本の新聞は、いつまで時代の変化に取り残された〝ドリーマー〟であり続けるのだろうか。

（二〇一五年四月十九日）

安保法制報道と〝不安商法〟

政権与党の相次ぐミスによって、安倍内閣の「支持率低下」が止まらない。さすがに大いなる危機感が政権に生じているのも無理からぬところだろう。

与党推薦の参考人の憲法学者が「安保法制は違憲」と主張して以来、同法案の潮目はガラリと変わり、「法案反対」の大合唱が続いているのはご承知の通りだ。

しかし私は、一連の報道を見て、果たして新聞はこのままで生き残ることができるのだろうか、と思っている。

というのも、安保法制問題は日本の「安全保障」という極めて重要な、そして私たち国民の生存にかかわる大切な問題が論議されるべきはずのものである。しかし、現実の報道はどうだろう。

毎朝の新聞記事が「戦争に踏み出す日本」「これは徴兵制につながる」と、国民の不安を煽《あお》り、思考を停止させる報道に終始している。わかりやすく言えば、日本の安全保障はどうすべきか、という肝心の議論に至っていないのである。部数ナンバー1の読売とナンバー2の朝日の記事を比較すると、そのことは明白だ。

朝日の報道では、憲法問題や集団的自衛権行使の是非などに対し、抽象的な主張と感情論が支配している。しかし、一方の読売では、北朝鮮の核ミサイル開発や、中国の海洋進出を踏まえた「力による現状変更」を前提にした「日本の安全保障問題」が正面から取り上げられている。

両紙の立脚点は、「現実」(読売)と「想像」(朝日)という違いが際立っているのである。たしかに手続き論や法理論は重要な問題だ。だが、日本の安全保障をどうすべきか、という肝心要《かなめ》の論点が読者の前から「消されて」はならないだろう。ここのところの朝日紙面で私が注目したのは、佐伯啓思、鈴木幸一両氏による朝日記事を論評したコラムだった。

佐伯氏が〈野党がもしもこれに反対し、従来の平和憲法のもとで対処できるというのなら、その根拠をしめさなければならないだろう〉(二〇一五年七月三日付「異論のスメ」)と指摘し、鈴木氏は〈朝日新聞の報道は、違憲論争と集団的自衛権の範囲や中身の曖昧さに関する指摘に終始して、日本の安全保障をどうしていくのかに関する論議は極めて限られている〉（同八月五日付「わたしの紙面批評」）と批判したのだ。

原点を見失い、不安を煽るだけの記事を容認する人々は、どれほどいるのだろうか。ファクトと根拠を示して読者に「判断を委《ゆだ》ねる」のが新聞の本来の使命であったはずだ。

だが、それをしないまま、ただ自己の主張を感情的に展開する――こんな「不安商法」がいつまでも通用するはずがない。私はそんなことを考えながら、毎朝の紙面を繰《く》っている。

（二〇一五年八月十六日）

常識から乖離した「角度」

ようやく「落ちつき」を取り戻してきた感がある。安保法制論議のことだ。

マスコミ報道のヒステリックさがおさまり、それにつれて、明日にでも「戦争が始まる」という雰囲気が消えつつある。

国会前に著名人がやってきて叫んだり、パフォーマンスを行う光景も、ぱたりと消え、労働組合や全学連などの幟《のぼり》が林立する中、「戦争法案」「憲法違反」「絶対、廃案」……を叫んでいた国会周辺の喧噪《けんそう》が、すっかり収まったのである。

それを煽りに煽った一部のメディアにも、落ちつきが見え始めた。毎朝の新聞紙面で、そのことを感じる向きは少なくないだろう。私はこれで、やっと「冷静な議論」ができるのではないかと期待している。法が成立してからでしか、落ちついた議論ができないのは、間違いなくこの国の不幸である。

しかし、核ミサイルの脅威が増す北朝鮮や、尖閣を「核心的利益」と表現し、「必要ならば武力で領土を守る準備はできている」とまで広言する中国から、どう「命」と「領土」を守るのか、そして、国際社会の現実を踏まえた「自衛権の行使」の線引きをどこにするか、という極めて大切な問題について、感情論ではなく、冷静な議論がおこなわれることに期待する。

観念的な報道で大衆を煽り、そういう落ちついた議論の〝壁〟になった新聞には、大いに反省を促したいと思う。

さて、落ちつきを取り戻した新聞は、さっそく興味深い「差」を見せてくれた。二〇一五年九月三十日付紙面で、文部科学省と総務省が公表した高校生向けの「副教材」に関する報道だ。

選挙権年齢が十八歳以上に引き下げられ、二〇一六年の参院選にも実施されることに対応し、両省は、〈個人的な主義主張を述べることは避け、中立かつ公正な立場で生徒を指導することが求められる〉という極めて常識的な副教材をつくった。さすがにどの新聞も客観報道で対応したが、唯一、朝日だけが牙を剝《む》いた。

〈「中立とは」教員困惑〉
〈「現場が萎縮《いしゅく》する」「時の政権が基準になる」〉

そんな見出しを掲げて、時の政権が中立の基準となる懸念があると指摘し、安保法制反対運動で注目を集めた「SEALDs（シールズ）」を例に出し、〈彼らはいま自分の足で立とうとしているのだ。若い世代が現実の問題に出あい、考え、対話しながら答えを探っていく。学校や地域はそれを支えたい。そこから新しい政治のかたちが育つはずだ〉

と、主張した。政治的な中立性が求められる教育現場の話から、自分の主義主張に近い政治運動に踏み込む若者への支援と礼讃《らいさん》へと、記事は向かうのである。

新聞に公平中立など求めるつもりはない。しかし、少なくとも、朝日の「角度」のつけ方が、世間の常識からあまりに乖離《かいり》してしまっているのではないか、と他人事ながら心配になる。

（二〇一五年十月四日）

もはや「笛吹けど」誰も踊らず

新聞の力がいかに衰えているかを示す事例が、ここのところあとを絶たない。新聞がいくら懸命に書きたてても、世の中は動かない。それは、新聞にとって「笛吹けど踊らず」と言うしかない現象だろう。

週刊誌が火をつけ、それを新聞やテレビがあと追いするというパターンも定着しつつある。二〇一六年の年明け以降、そんなケースが目立つが、私は甘利明・経済再生担当相が辞任に追い込まれた一件に、いろいろ考えさせられた。

最初に報道したのは『週刊文春』だ。だが、当事者が甘利事務所の秘書に金銭を渡す場面を同誌のカメラマンが撮影するなど、告発者と〝一体化〟する取材手法が果たしてメディアとして許容されるのか、釈然としない。当コラムは週刊誌報道について取り上げる欄ではないので、その点については措《お》かせてもらう。

私は、むしろその後の新聞報道が興味深かった。それは、日頃、安倍政権打倒に熱心なメディアが、この問題に「飛びついた」ことだ。

朝日が〈政権の姿勢が問われる事態だ。首相は内閣を挙げて全容解明の努力をする必要がある〉（同年一月二十二日付社説）と書けば、毎日も〈第2次内閣以来「政治とカネ」で3閣僚が辞任している中での疑惑発覚は重い〉（同）と、安倍晋三首相の責任を問う姿勢を鮮明にした。

朝日は、なおも同二十九日付社説で、〈疑惑のさなかに、自民党の中から気になる声が聞こえた。党幹部から「わなを仕掛けられた感がある」といった発言が続いたのだ。現金を受け取った甘利氏の側が、あたかも被害者であるかの言い分である〉と糾弾した。

朝日は発覚後、告発者にインタビューもしている。しかし、そこでも「甘利氏を嵌めるためにおこなったのか」という疑問の提示はしていない。つまり週刊誌に〝丸乗り〟したのである。

だが、政権への打撃を企図したこれらの記事は、記者たちにとって虚《むな》しい「結果」に終わる。文春報道一週間後の一月二十八日、甘利氏は記者会見を開いて辞任を表明。週末、これを受けて各メディアは世論調査を実施した。内閣支持率が「どこまで下がったか」を見るためである。

しかし、大方の予想に反して支持率は前回（二〇一五年十二月）より上昇していた。毎日は八ポイント、共同通信は四・三ポイント、読売が二ポイントと、いずれも下落どころか「上昇」していたのだ。読者はまさに「笛吹けど踊らなかった」のである。

新聞の衝撃の大きさが伝わってくる気がした。週刊誌のあと追いで、政権への打撃を目的とした報道を繰り広げたにもかかわらず、読者はとっくにそんな意図的な記事を書き続ける新聞を「見限って」いたのである。新聞は、いつからここまで「見識」というものを失ったのだろうか。

いま新聞がやるべきことは、週刊誌に丸乗りすることなどではなく、大人としての見識を示すことである。


（二〇一六年二月七日）

朝日は国際社会に向けて訂正を

もはや国民全体で考え、「将来」に備える覚悟を持つべき時が来たことは間違いない。民間団体が建てた慰安婦像が米サンフランシスコ市の公共物となり、六十年にわたって続いてきた大阪市との姉妹都市としての友好も断たれることになった。本当に残念なことだ。政治的な意図を持つ韓国や中国が、虚偽の〝史実〟に基づいて日本と日本人を貶めている。今や世界各地の慰安婦像は六十を超え、これからも増え続けるだろう。

現在だけでなく、将来の日本の若者の国際進出の障壁となる慰安婦問題は、二〇一六年二月にジュネーブでの国連女子差別撤廃委員会で、外務省が初めて公式に軍や官憲によるいわゆる「強制連行」を否定するまで「広がるがまま」にされていた。その間に、国連でクマラスワミ報告が出され、日本軍に強制連行された〈慰安婦＝性奴隷〉という誤った認識が世界に流布されてきた。

しかし、繰り返し記述してきた通り、慰安婦は性奴隷ではない。慰安婦とは業者によって当時の兵隊の数十倍の給与を保証されて募集された女性たちである。あの貧困の時代に、春を鬻《ひさ》ぐ商売に就かざるを得なかった薄幸な女性たちは、欧米にも、アジアにも、たくさんいた。女性の人権問題として大いに議論されるべきだろう。だが、日本は国家として嫌がる婦女子を強制連行して慰安婦にしたという虚偽のプロパガンダによって糾弾されている。

サンフランシスコの碑文にも〈この記念碑は日本軍に性奴隷にされた何十万人の女性と少女の苦しみを表している。囚《とら》われの身のまま、大多数は命を落とした〉と記されている。

この誤った認識には朝日新聞の報道が大きく関わっている。

のちに取り消したが、「私は慰安婦狩りをした」という吉田清治なる人物の虚偽証言を長期間にわたって記事にし、また一九九一年八月十一日には、「元朝鮮人従軍慰安婦 戦後半世紀重い口開く」という見出しの下、元慰安婦が「女子挺身《ていしん》隊の名で戦場に連行された」と記した。

そして翌年一月十一日には、宮沢喜一首相の訪韓に合わせて慰安婦問題を一面トップで報じ、記事の中で、強制連行された女性たちの数を「八万とも二十万ともいわれる」と解説した。これらの報道を受けて、韓国では「国民学校の生徒まで慰安婦にした日帝の蛮行」と世論が沸騰したのである。

大阪市のサンフランシスコ市との姉妹都市破棄に対しても、朝日は〈姉妹都市　市民交流を続けてこそ〉という社説（二〇一七年十一月十九日付）を掲げ、吉村洋文大阪市長を糾弾した。だが、吉村市長はツイッターで〈（朝日は）僕を批判する前にやることあるでしょ〉と、痛烈な反論を行った。

活字がもたらす影響と波紋はとてつもなく大きい。だからこそ真実を求める記者たちの日頃の活動が貴重なのだ。日本の若者の将来のためにも、朝日には、国際社会に向けての訂正記事と謝罪文の掲載を強く求めたい。

（二〇一七年十二月十日）

論点

「吉田調書」報道　朝日新聞の悪意

「吉田調書」報道と慰安婦報道

朝日新聞というのは、日本人にとって実に「不思議な存在」である。

ここまで日本と日本人を国際的に貶め、不利な立場に追い込んできたメディアは、日本ではほかに例を見ない。

朝日新聞の報道によって、日本人は多くの不利益を被ってきた。たとえば一九九一（平成三）年八月十一日付で、朝日が朝鮮人従軍慰安婦を〈「女子挺身隊」の名で戦場に連行され、日本軍人相手に売春行為を強いられた〉存在として問題化させ、今では〝日韓関係〟を完全に破壊し、世界に羽ばたこうとする日本の若者の前に大きな壁となっているのは周知の通りだ。

貧困が世界中を支配したあの時代、さまざまな事情で不幸にも春を鬻《ひさ》ぐ商売についた女性は、日本にも、朝鮮にも沢山いた。兵たちの給料のおよそ三十倍にあたる「月収三百圓」を保証されて、そういう商売についた薄幸な女性が数多くいたのである。

しかし、朝日新聞によって、その女性たちは、無理やり戦場に「連行」され、「売春」を強制された存在となった。逆に、日本人そのものが「貶められた」のである。

二〇一四年五月二十日から朝日が始めた「吉田調書」報道も基本的な構造は、これと同じである。このキャンペーン記事は、規模においてまず度肝を抜かれるものだった。大見出しの一面トップから二面までブチ抜いただけでなく、ネット版（朝日デジタル）に特設ページをつくるほど大掛かりなものだった。

朝日は、この記事で、二〇一一年三月十五日朝、福島第一の東電職員の九割が「所長命令に違反」して、「原発から撤退」していたと報じた。すなわち大多数の職員が現場から「命令に背《そむ》いて」逃げていたというのである。

しかも、朝日が入手した政府事故調による「吉田調書」によって、そのことが明らかになった――という。事実ならこれまで報道されたことがない、まさに大スクープである。

しかし、それは本当なのだろうか。

「チェルノブイリ事故の10倍」

「吉田調書」の主役・吉田昌郎氏は、二〇一一年の大震災の時に全電源喪失の事態に陥った福島第一原発（通称「1F」）の所長である。刻々と悪化する事態に対処するため、免震重要棟の緊急時対策室に陣取り、時に官邸、また時には東電本店ともやりあい、昼夜の別なく、現場への指示を出しつづけた人物だ。

海水注入中止といった官邸サイドと東電本店からの命令を拒否して冷却のための海水注入を続行させるなど、部下を鼓舞して事故と闘った。

二〇一三年七月、食道癌のために吉田氏は五十八歳で亡くなった。私は吉田氏が死後、特定のメディアによって貶められていることを残念に思う。しかも、それが事実とはほど遠いものだけに余計、そう思う。自分の意図に反して貶められた吉田氏とご遺族の思いを想像すると、本当に胸が痛む。

私は、ジャーナリストとして唯一、吉田氏に生前、長時間のインタビューをおこなった。

吉田氏だけではない。あの事故の際、「福島第一原発で何があったのか」「現場の人間はどう闘ったのか」をテーマに多くの当事者たちから実名証言を得ている。

当時の菅直人首相や池田元久・原子力災害現地対策本部長（経産副大臣）をはじめとする政府サイドの人々、また研究者として事故対策にかかわった班目春樹・原子力安全委員会委員長、あるいは吉田氏の部下だった現場のプラントエンジニアや作業員、また協力企業の面々、さらには、地元記者や元町長に至るまで、百名近い人々にすべて「実名」で証言してもらった。

なかでもメインの取材となったのが、吉田氏当人だ。あらゆるルートを使って一年三カ月にわたって吉田氏に対する説得をつづけた私は、二〇一二年七月、やっと吉田氏に取材することができた。

その結果できたのが『死の淵を見た男——吉田昌郎と福島第一原発の五〇〇日』（ＰＨＰ研究所）である。

あそこで事故の拡大を防げなかったら、事故の規模は「チェルノブイリの十倍になっていただろう」と吉田氏は語り、研究者のトップである班目春樹氏は、「人の住めない東日本、無事な北海道と西日本――日本は〝三分割〟されていたでしょう」と語った。それを防ぐための凄まじい闘いに私は関係者の証言を聞きながら、何度も息を呑み、心が震えた。

そのぎりぎりの闘いとなった二〇一一年三月十五日朝の模様は、拙著の中でもヤマ場である。

「命令に従って」待避した

私は今回の朝日の記事を熟読して驚いた。どこにも「自分の命令に違反して所員の九割が撤退した」という吉田氏の証言が存在しないからだ。

朝日新聞の記事（朝日デジタル版）に出ていた「吉田調書」の文言も、所長命令に違反した「根拠」とはなり得ないものだった。

吉田氏は、部下が「自分の命令に違反」して「福島第二（2F）に退避した」などとは一切、発言していないし、むしろ、その方がよかった、と述べていた。

地震から五日目を迎えたあの三月十五日朝、免震重要棟に残っていた福島第一原発の職員や協力企業の人々は総勢で七百人ほどいた。

総務、人事、広報……等々、多くの職員が放射能汚染の中で、この免震重要棟にとどまっていたのである。放射能による汚染が進み、これをシャットアウトできるフィルター構造も持った免震重要棟から「外」へ脱出する機会を失っていたからだ。

プラントエンジニアや作業員たちを事故に対処する〝戦闘員〟とするなら、彼らは〝非戦闘員〟である。

この中には女性職員も沢山おり、彼女らも、免震重要棟で、後方支援に必死で励んでいた。また事務系の男性職員の中でも海水注入に自ら進んで志願して加わった者もいた。

免震重要棟でも水は流れなくなり、トイレに汚物がたまるなど、劣悪な環境の中で彼らは闘った。だが、事態が悪化の一途を辿る中で、彼ら〝非戦闘員〟をどう退避させるかは、吉田所長にとって大きな課題となっていたのである。

この時、官邸サイドは必要人数を除いて2Fに退避させる話を「全員撤退」だと勘違いし、有名な全員撤退問題が起こっている。菅首相は、午前四時に清水正孝東電社長を官邸に呼び出して詰問し、午前五時三十六分に菅首相自ら東電本店に乗り込み、痛烈な演説をおこなっている。

「事故の被害は甚大だ。このままでは日本国は滅亡だ。撤退などあり得ない。命がけでやれ」

「撤退したら、東電は百パーセントつぶれる。逃げてみたって逃げきれないぞ!」

菅首相の凄まじい怒りは、テレビ会議の画像と音声で吉田所長がいる1Fの緊急時対策室に響き渡った。

大きな音が起き、2号機の圧力抑制室(サプチャン)の圧力がゼロになったのは、その直後の午前六時過ぎのことである。

首相の痛烈な演説の直後に、女性社員を含む職員の大半を2Fに退避させなければならなかった吉田氏はこの時、さまざまなパフォーマンスをおこなっている。突然、作業用ヘルメットをかぶったのもそのひとつだろう。それまでヘルメットなど全くかぶってもいなかった吉田氏が、画面上からも危機的状況がわかるように、これをかぶり、指示を出しているのである。

「各班は、最少人数を残して退避!」

吉田氏がついにその命令を発したのは、午前六時半頃である。この時、六百名を超える職員が一斉に行動を起こした。まさに一糸乱れぬ動きだった。理由は明快だ。前夜から非戦闘員を含む職員の大半を2Fの体育館に移すべく、2Fの増田尚宏所長との間で調整が進んでおり、「退避」というのは、イコール「2Fへの移動」だったからだ。

いかに吉田氏の退避の命令が的確だったかは、この日、放出された放射性物質が、実に〝18京ベクレル〟にまで達したことでもわかる。

世界のメディアを動かした

私は、百名近い関係者から証言を得ているので、当然、この時、多くの職員から所長命令に「従って」撤退したことを聞いている。しかし、朝日は真逆の「命令に違反して」撤退した、と書いたのである。

しかも、そこには読者を誘導する巧妙な手法が鏤《ちりば》められている。

〈放射線量が測られた。免震重要棟周辺で午前7時14分時点で毎時5ミリシーベルトだった。まだ3号機が爆発する前の3月13日午後2時すぎと同程度だった。吉田の近場への退避命令は、的確な指示だったことになる〉

朝日は、そう書いている。ここで書く〈毎時5ミリシーベルト〉とは、〈毎時5000

マイクロシーベルト〉のことだ。これは、「1年間」でこの量を浴びれば、白血病の労災認定基準を超えるほどの量である。それを、「毎時」で浴びればどのくらい凄まじいものか、素人でも想像がつくだろう。しかし、これを朝日新聞は、わざわざ単位を千倍の「ミリ」に上げて「5ミリシーベルト」と読者に低い数値の印象を与え、「命令に背いて逃げた」ために被害が大きくなったことを印象づける記事の後段では、今度はマイクロシーベルトの単位を使って、こう書いている。

〈午前9時ちょうど、今回の事故で最高値となる1万1930マイクロシーベルトを観測している。吉田は部下が福島第二原発に行く方が正しいと思ったことに一定の理解を示すが、放射線量の推移、2号機の白煙やゆげの出現状況とを重ね合わせると、所員が大挙して所長の命令に反して福島第二原発に撤退し、ほとんど作業という作業ができなかったときに、福島第一原発に本当の危機的事象が起きた可能性がある〉

同じ記事の中でも、ある時は、「マイクロシーベルト」を使い、ある時はその千倍の「ミリシーベルト」という単位を使って読者の印象を左右していく手法は、この記事が「一定の目的」を持ったものであることを示している。

さらに言えば、その凄まじい放射能汚染の中で退避せず、職員が作業をしていれば、

〈危機的事象〉を回避できていた〈可能性〉を示唆する内容には驚くばかりだ。
いずれにせよ、この巧みな印象操作による記事によって、世界中のメディアは、大きく反応した。
〈2011年、命令にも関わらず、パニックに陥った作業員たちは福島原発から逃げ去っていた〉
『ニューヨークタイムズ』がそんな見出しで報じれば、英のBBCも、
〈朝日新聞は、福島原発の労働者の約90%がメルトダウンの危機が目前に迫った状況で逃げた、と報じた〉
と速報。また、朝日の報道に連動することで知られる韓国メディアは、今回も素早かった。
〈福島事故時に職員ら命令無視して原発から脱出〉（聯合ニュース）
〈日本版セウォル号…福島事故時に職員ら命令無視して原発から脱出〉（国民日報）
と相次いで報道され、五月二十一日付の『エコノミックレビュー』は、
〈これまで〝セウォル号事件〟が「韓国人の利己的な民族性から始まった」、「相変らず後進国であることを示してくれた」などと韓国を卑下し、集団のために個人を犠牲

にする日本のサムライ精神を自画自賛した日本の報道機関と知識人たちは、〈朝日の報道に〉大きな衝撃に包まれた〉

と論評した。朝日は、こうして世界のメディアを動かすことに成功した。それまで原発事故で発揮された日本人の勇気を讃えていた外国メディアは、報道を受けて姿勢を一変させた。まさに朝日は「日本人を貶める」ことに成功したのである。

当事者たちの証言

「逃げた」とされた当の職員たちは、朝日の報道をどう捉えているのだろうか。私は改めて聞いてみた。

彼らに共通するのは、「あきらめ」だった。何を書かれようと、激しいバッシングに晒されている東電社員には、「反論」は許されない。日本を救うために1Fの現場で奮闘した人たちも同じだ。

「正直、ああ、またか、という思いです。あの時、吉田所長から命令が下り、私たちは2Fに退避しました。〈放射能の〉汚染が広がり、外にいた作業員たちも免震重要棟に引き上げさせていました。1Fの中で最も安全な場所は免震重要棟です。あの時、サプチャンが損傷した可能性が高く、〝退避〟というのは、そのまま2Fへの退避を意味していました。わざわざ行き先を指定されなくても、私たちにとっては、退避する先は、2Fしかありませんでした」（復旧班にいた技術系職員・四十二歳）

「俺も残ります、と部下に言われ、〝俺が倒れた時はどうするんだ。頼むから2Fに行ってくれ〟と命じました。あの時、うちの班は二十人近くいましたが、私を含めて三人を残して、すべて2Fに移ってもらいました。2Fに行った部下たちが朝日の報道によって、〝逃げた〟ことになりました。申し訳ない思いで一杯です」（1Fに残って〝フクシマフィフティ〟となった班長の一人・五十歳）

「朝日の記事の見出しを見て、最初は、ふざけんなよ、なにデッチ上げ書いてんだよ、と思いました。でも、記事を読んで、吉田さんの発言を曲解すれば、ここまで書けるのか、とわかり、呆れてしまいました。班長に2Fに行け、と命じられた時、本当に残らなくていいんですか、と私は聞いたんです。班長は、〝いや私たちの班の本部を2Fに移すことになるかもしれない。とにかく行ってくれ〟と言いました。私は最後に緊対室を出て、自家用車で2Fに向かいました」（情報班所属の技術系職員・四十二歳）

彼らは朝日が「1Fに残れ」というのが「所長命令だった」と書いていることに対

して、どんな感想を持っているのだろうか。私が問うと、奇《く》しくも同じ反応を彼らは示した。

「1Fのどこに退避するのですか？　一番安全な場所である免震重要棟から離れて、1Fのどこに退避するのでしょうか。防護マスクはどうするんですか。そんな命令を吉田所長がもし出したら、所長が〝正気を失った〟ということになります」

吉田所長が危惧したこと

菅直人政権がつくった政府事故調の二十八時間に及ぶこの吉田氏への聴取は、主に二〇一一年七月から八月にかけておこなわれたものだ。

ちょうど国会で「全員撤退問題」が追及されていた頃でもある。それは、吉田氏がさまざまな〝配慮〟をおこなわなければならない時期の聴取だったのである。

吉田氏は政府事故調の聴取に応じる二カ月前には、自身が本店の命令に〝背いて〟海水注入をつづけていたことを告白している。これはＩＡＥＡ（国際原子力機関）の調査団が来日する直前のことである。

この時、吉田氏は勝俣恒久会長宛てに辞表を提出した上で、告白している。「社命に背くこと」は、それほど重い。吉田氏が政府事故調の聴取に応じたのは、さらにそのあとのことだ。国会の動きも含め、さまざまな配慮が必要な真っ只中で、吉田氏は聴取に応じているのである。

私は朝日の記事を読みながら吉田氏に取材した時のことを思い出した。吉田氏は、自分の記憶違いや時系列的な混同があることを懸念し、私にほかの方々の取材によって事実関係を確認してくれるように何度も頼んだ。それに従って、私は多くの関係者に取材をおこなっている。

「吉田調書」は、吉田氏が第三者への公表を固く「拒んだ」ものである。それは、自分の勘違いによって「事実と違うこと」が定着することへの危惧があったからだ。そして、吉田氏は以下のような上申書を提出している。

〈自分の記憶に基づいて率直に事実関係を申し上げましたが、時間の経過に伴う記憶の薄れ、様々な事象に立て続けに対処せざるを得なかったことによる記憶の混同等によって、事実を誤認してお話している部分もあるのではないかと思います〉

そして、話の内容のすべてが、〈あたかも事実であったかのようにして一人歩き〉しないかどうかを懸念し、それを理由に〈第三者への公表〉を強く拒絶したのだ。

私は無理もないと思った。窓もない免震重要棟の緊急時対策室である。昼か夜かもわからないあの過酷な状況の中で不眠不休をつづけた吉田氏は、記憶違いや勘違いがあることを自覚し、そのことを憂慮していたのである。今回の朝日の記事は、まさに吉田氏が「危惧していたこと」にほかならないだろう。

朝日は当事者に取材したのか

政府事故調は吉田氏を含む当事者七百七十二名に千四百七十九時間に及ぶ聴取をおこなっている。そのうちの二十八時間が、吉田氏への聴取だ。つまり、吉田氏やほかの当事者に膨大な聴取をおこない、そこで「事実」と確認されたことは、全四百四十八ページとなる政府事故調の「最終報告書本文編」にすべて書かれているのである。

そこには、「職員の9割が所長命令に背いて逃げた」ことなど一行も書かれていない。

朝日新聞の取材に答えて、畑村洋太郎・元委員長は、こう答えている。

「外に出すべきものは報告書にみんな入れたつもりだ。報告書に載せたこと以外は口外しないのが約束だ」

それは、すなわち、「命令違反による撤退」など、「なかった」という意味ではないだろうか。

これに対して、朝日は、〈28時間以上にわたり吉田を聴取した政府事故調すなわち政府が、このような時間帯に命令違反の離脱行動があったのを知りながら、報告書でまったく言及していないのは不可解だ〉と書いている。不可解なのは「政府事故調」ではなく、「朝日新聞」の方である。

私は、果たして朝日は現場の当事者たちに裏取り取材をしたのだろうかと、ふと思った。私はこの時の現場職員たち、つまり当事者を数多く取材しているが、所長命令に「違反」して「退避」した人間など、一人もいなかった。いずれも一糸乱れず「命令に従って」、2Fに移動しているのである。

吉田氏本人は生前、部下たちのことを私にこう述べている。

「私はただのおっさんです。現場の連中が、あの放射能の中を、黙々と作業をやってくれたんだ。そんな危ないところを何度も往復する。それを淡々とやってくれた。彼らがいたからこそ、(事態を)何とかできたと思う。私は単にそこで指揮を執っていただけのおっさんです。だから彼ら現場のことだけは、きちんと書いて欲しいんですよ」

最悪の事態と必死で闘った部下たちを、今は亡き吉田氏は心から称賛した。一方、朝日は日本を救うために奮闘したそんな人々を世界中から嘲笑されるような存在に貶めた。

私はこの問題を雑誌等に書いて、朝日から「法的措置を検討する」という抗議を受けている（注／後に朝日は自らの誤報を認め筆者に謝罪）。現場で奮闘した人たちの名誉を貶める言論機関が、正当な「論評」に対して法的措置をちらつかせることに私はいうべき言葉もない。

朝日新聞が日本人を貶める目的は一体、何だろうか。私には、それがどうしてもわからないのである。

（『正論』二〇一四年八月号）

第四章

命より憲法という観念論

尖閣報道で抜け落ちた視点

にこやかに語りかけた安倍晋三首相に対して、ひと言も発せず、プイと顔を背けた習近平国家主席。ゲストを迎えたホスト国トップの非礼な態度は習氏にとっても、中国にとっても、決してプラスにはならないだろう。

私はアジア太平洋経済協力会議（APEC、二〇一四年十一月）の新聞報道を注視していた。国交回復以来、日本の新聞の多くは、中国批判をタブーとし、中国に「譲歩」し、その発展に「寄与」することを当然のように報じてきた歴史がある。いわゆる「日中友好絶対主義」である。

さすがに今回、習氏がとった態度をたたえる日本の新聞は一紙もなかったが、首脳会談の実現については、歓迎する論調で占められていた。

私が注目したのは、首脳会談実現のために土壇場で交わされた「四項目合意」だ。この中に、尖閣海域で近年〈緊張状態が生じていることに異なる見解を有していると認識〉するとの文言があった。これを、一貫して「尖閣に領土問題は存在しない」としてきた日本側の譲歩と取るのか、否か。

果たして新聞の見方は完全に分かれた。

「首相　条件なし会談貫く」と産経が書けば、読売も中国側が出した「いずれの条件もクリアされない段階で、首脳会談に応じる方針に転換した」と中国側が折れたという解釈を掲げた。

これに対して日経は「中国の譲歩を促してきた首相も最後は歩み寄りを示した」、東京も日経と同じ見方を示し、朝日と毎日は、両者の中間に位置する記事を書いた（いずれも二〇一四年十一月八日付朝刊）。

私は、これらの中に日米安保条約「第五条」からの視点が欠落していたことに失望した。アメリカが日本の領土を防衛する義務を負う根拠となるこの第五条は、中国にとって最大のネックだ。

一九七一（昭和四十六）年、尖閣の主権は、ニクソン政権下の公聴会で「どの国の主張にも与《くみ》しない」とされた。しかし二〇一〇（平成二十二）年、中国漁船衝突事件の際、クリントン国務長官が第五条を「尖閣にも適用される」と明言し、二〇一二年、米上下両院が尖閣は第五条の「適用対象である」と明記した国防権限法案を可決した。中国がこれに「断固反対する」と発表したことは記憶に新しい。

つまり中国は尖閣の領有権について、アメリカをニクソン時代まで押し戻し、さらに第五条の「適用外」まで持っていかなければならない。

延々と続くアメリカでの中国のロビー活動は、そのためにあると言ってもいい。その第一歩が「異なる見解」の存在を日本に認めさせることではなかったのか。私はそのことが知りたかった。

一方、日本は一体何のために、そこまで首脳会談にこだわったのか。残念ながら、その問いに応えてくれる日本の新聞は一紙もなかった。


（二〇一四年十一月十六日）

新聞への痛烈なしっぺ返し

新聞報道の影響力は、どのくらいあるのだろうか。

選挙の度に、私は新聞を読みながら、そのことを考えている。それは、新聞報道と有権者の意識との乖離や、また、今後、新聞が生き残ることが可能かどうかを教えてくれるものでもあるからだ。

選挙報道は中立に——当たり前のその鉄則は、今回もいつものように〝建前〟だけで終わった。各紙とも、自らの主義主張を前面に押し立てて、露骨な報道を繰り広げたのだ。

なかでも、朝日新聞は際立っていた。例えば、投開票当日の二〇一四年十二月十四日付社説はこんな具合だった。

「思いを託す。思いをくみ取る。有権者とその代表たる政治家の間にある大事な回路がいま、切れてしまっているのではないか」

「この道しかない？　党利党略を超える意義を見いだしづらい選挙である」

それは、「有権者の皆さん、反安倍票を投じましょう」という露骨な誘導記事にほかならなかった。しかし、結果は自公が大勝し、全議席の三分の二を獲得した。翌十五日付の天声人語で朝日はこう書いている。

「集団的自衛権や原発の再稼働、特定秘密保護法といった民意を分かつ争点を、アベノミクス柄の風呂敷で巧みに包んだ感がある。勝利すなわち白紙委任ではないことを、お忘れなく願いたい」

恨み節とも、開き直りともとれるこんな文章が同紙のあちこちに見られた。私はこれらを見ながら、読者に真実や、多様な見方を示すべき新聞が、本来の役割からいかに遠くなっているかを感じた。

特に投開票四日前の特定秘密保護法施行の日の紙面はすさまじかった。朝日をはじめ各紙が、国民の知る権利が侵害されるという〝同一の論調〟で大報道を展開したのだ。

もし、この法律が本当に国民の「知る権利」を侵すものなら、大問題だ。しかし、一方で同法には、スパイ活動防止法すら持たない日本に対して、軍事・テロ情報などの提供と共有を望む米国による「法整備への要請」という側面もあった。

国民の生命・財産を守るのが国家と法の役割ならば、同法をどう捉えればいいのか。そのことを知りたい読者に対して、大半の新聞は「国際的な要請」には全く触れず、ヒステリックな論調に終始した。国際社会からの要請という視点を示したのは、わずかに読売と産経の二紙だけだった。

読者は記者たちに対して、思い込みや安っぽい正義感など求めてはいない。欲しいのは、正当な判断をするための「客観事実」だけだ。

いくら新聞が一方的な情報だけで読者を誘導しようとしても、もはや誰も欺《あざむ》かれはしない。今回、明らかになったのは、新聞と国民との距離の大きさとともに、新聞記者が長い間持っていた「俺たちが世論をつくっている」という驕《おご》りと思い込みへの痛烈なしっぺ返しだったのである。

（二〇一四年十二月二十一日）

「命」と「憲法」どっちが重いのか

世の中で一番大切なものは何か。そう聞かれたら、多くの人は「それは、命だ」と答えるに違いない。愛する家族や自分自身の「命」以上に大事なものは、なかなかこの世にあるものではない。

だが、日本の一部の新聞には、それよりも、もっと大切なものがある。法律の条文だ。命より大切なものとして法律、特に「憲法」がある。

国民に衝撃を与えた湯川遥菜《はるな》さんと後藤健二さんの「殺害」映像。無事でいてほしいという国民の願いもむなしく、二人の命は憎むべき「イスラム国」によって奪われた。

この事件によって、国会であらためて浮上したのは「邦人救出」問題である。二〇一三年のアルジェリア人質事件で十人の日本人が殺されたときも大きな議論となった。

今回、産経が「自らの力で国民を救出する手立てを選択肢として持つことを、検討するときが来たのではないか」（二〇一五年二月三日付主張）と書けば、読売も「政府は、在留邦人の保護やテロ情報収集、重要施設警備などを多角的に強化すべきだ」（同二月四日付社説）と書いた。いずれも在留邦人の命を守るための法整備を急げ、という提言である。

しかし、これに異を唱えたのが朝日だ。同二月七日付社説で、「憲法の制約を解き、自衛隊の海外での武力行使に道を開けば、国民の生命を守ることになるのか。疑問点はあまりに多い。短兵急な議論は危険だ」と憲法論議を封じる得意の先送り論を展開して、真っ向から反対した。

これだけ長期間にわたって邦人救出問題が議題となりつづけても、朝日は自分が反対するものには、「短兵急な議論は危険だ」と封じ込めをはかるのである。

朝日にとっては、自衛隊が邦人救出に乗り出すことは「海外での武力行使」にあたり、「絶対に許されないこと」なのだ。

また直後に起こった、シリア行きを計画したカメラマンが外務省から旅券返納命令を受けたことにも、朝日はこう指摘している。「憲法が保障する移転の自由にも関わる問題で、米仏ではジャーナリストの渡航制限は検討されていない」（同二月十日付）。

これには、毎日も同日付社説で「憲法22条は、海外渡航の自由を認めている。居住、移転の自由や職業選択の自由とともに国民の権利という位置づけだ。民主主義社会には報道の自由も不可欠であり、それを担保するのが取材活動である」と同じ論調だ。

あくまで何をおいても大切なのは「憲法」なのだ。「命」よりも「権利」が優先する本末転倒した理論は、戦後ジャーナリズムの極めて特徴的な傾向であり、同時に頸木《くびき》でもある。

今や世界の隅々まで日本人は活動の場を拡《ひろ》げている。今後、海外で自分の家族の救出を願う事態が発生したとき、命より憲法の一部の条文だけが優先されたらどうだろうか。

その時、憲法とは、「国民の命を守る」ために存在しているのではなかったのかと、その家族は気がつくに違いない。命より大切な憲法——この机上の空論がいつまで読者の支持を得られるのか、実に興味深い。

（二〇一五年二月十五日）

担ぎ出された「亡霊」

いま国会で闘わされているのは何だろうか。報道を見て、ひょっとして時代が何十年も「遡《さかのぼ》ったのではないか」と錯覚する国民も少なくないだろう。

自民党推薦の憲法学者が、国会で安保法制を「違憲」と述べたことから、混乱が続いている。自分たちに大打撃を与える学者をわざわざ参考人に選んだ大失態は、間違いなく「歴史に残る」ものだろう。しかし、その結果、巻き起こった騒動に、私は、少々唖然《あぜん》としている。

それは、「いつものように」現実を無視した観念論が、国会論戦で「主役」になってしまったことだ。その主役とは、「空想的平和主義」である。ここのところの新聞報道には、この〝亡霊〟とも言える観念が闊歩《かっぽ》している。

国民の生命と財産、そして領土を守ることとは、国家の最も重要な使命であり、責任であることは論を俟《ま》たない。憲法が規定している国民の幸福追求権は、あくまで他国からの攻撃や支配を受けないことを大前提とするものだからだ。

そこから、憲法が「戦力の不保持」を謳っていながら、明らかに「戦力」である自衛隊の存在が憲法解釈で「自衛力」として容認されている根拠がある。今回の安保法制での攻防は、国際社会の現実を踏まえて、その自衛権の行使の線引きをどこにするかという、極めて興味深い、そして重要な論戦となるものと私は期待していた。

それは、長く続いた冷戦時代の法制では、激変する国際情勢に対処できるものではなくなっていたからだ。

中国の軍事的膨張による南シナ海の「力による現状変更」は象徴的だ。フィリピンのアキノ大統領が、中国をナチスになぞらえて激しく非難し、アメリカは中国に対して直接、「即時埋め立て中止」を要求した。

だが、中国は、「海上軍事闘争の準備を最優先し、領土主権を断じて守り抜く」と、拒否。それは、そのまま「明日の尖閣」「東シナ海」がどうなるか、を表すものでもあるだろう。言いかえれば、冷戦下に幅を利かせた「空想的平和主義」の非現実性を嗤《わら》うものでもある。

尖閣（中国名・釣魚島）を「核心的利益」と表現し、「必要ならば武力で領土を守る準備はできている」とまで広言する中国を目の前にして、日本は〈我が国の存立が脅かされ、国民の生命、自由及び幸福追求の権利が根底から覆される明白な危険〉〈武力行使新三要件の一つ〉までも否定するのだろうか。

日本は戦後七十年間、憲法の名の下に、最も大切な自国民の生命を軽んじてきた。「拉致問題」しかり、「邦人救出問題」しかり、である。

二〇一五年六月十六日付産経では憲法学者の百地《ももち》章《あきら》日大教授が、政府の新見解が憲法九条の「枠内」での変更にとどまるという見解を明らかにしている。国際社会の「現実」を見据えた「国民の幸福」を前提とした意味ある論戦を、国会にも、そして新聞にも期待したい。

（二〇一五年六月二十一日）

「無罪判決」報道に異議あり

加藤達也・産経新聞前ソウル支局長が朴槿恵《パク・クネ》大統領への名誉毀損裁判で「無罪判決」を勝ちとった一件以来、日韓関係にさまざまな動きが生じてきた。だが、私は今もこの判決報道に強い違和感を覚えている。

毎日社説が、〈事実確認を怠り風評を安易に書いたことは批判されても仕方がない。「うわさ」と断りさえすれば何を書いてもいいわけではない〉と書けば、読売社説も、〈前支局長が風評を安易に記事にした点は批判を免れない〉（いずれも二〇一五年十二月十八日付）と書いた。

また、朝日は同日付夕刊「素粒子」で、〈胸を張れない結末。うわさを書いた記者も、起訴した検察も、動かない大統領も、煮え切らない判決の裁判所も〉と記述した。いずれも「韓国も悪いが、加藤記者も悪かった」という論調だ。だが、本当にそうだろうか。

私はこれらの記事を読み、「あのコラムを本当に熟読した上で書いているのだろうか」と首を傾げざるを得なかった。当の加藤氏のコラムは、インターネット上に掲載されたものだけに、特派員が伝える日々のストレートニュースとは異なる興味深いものだった。

朴大統領は、部下から直接、「面と向かって」報告を受けるのではなく、「書面」で受けることが多いのだそうだ。その日頃の執務ぶりが問題になり、秘書室長が国会で「一体、大統領はどこにいるのか」と追及の矢面《やおもて》に立たされた事実から、加藤氏はコラムを書き出している。

そして、有力紙『朝鮮日報』が〝秘線〟という男女の関係を想像させる言葉まで用いて、セウォル号事故当日に「空白の7時間」が生じていたことをコラムで書いた事実も紹介した。

加藤氏のコラムは、そこから透けてみえる政権の内幕と、そんな噂まで立つ朴政権のレームダック化を指摘していく。

それは、初耳の情報ばかりで、読む者を「へぇ」と唸らせるものだった。しかも、朝鮮日報のコラムの中身に対して、〈真偽不明のウワサ〉と、わざわざ断った上で紹介していた。

発表モノや発生モノだけを書けばいいと思っている特派員が多い中で、加藤氏のコラムは出色だった。私が一連の他紙の報道に疑問を感じたのは、ほかにも理由がある。自らの力量不足を棚に上げて他紙を批判する〝いつもの傾向〟とともに、〈自らの主張のために、他者の言説を歪曲《わいきょく》ないし貶める傾向〉を感じたからだ。これは二〇一四年、朝日の慰安婦報道に対して朝日社内に設置された「第三者委員会」が出した提言の中の一節だ。せめて検証相手のコラムぐらいはきちんと読み、「歪曲」も、「貶め」もなく、読者に正確な論評を提示してほしかったと思う。

無罪判決以後、検察の控訴断念による判決確定、慰安婦問題の交渉再開など、両国の政治的な動きは加速している。それだけに、元々の「無罪判決」報道に余計、違和感が残るのである。


（二〇一五年十二月二十七日）

〝真夏の紙面〟が教えてくれるもの

毎年八月の紙面は、各紙の特徴が出るので興味が尽きない。二〇一六年は八月十七日付紙面に目が留まった。仕事柄、毎日、全紙に目を通している私も、朝日の報道に驚きを禁じ得なかった。

一面の題字下の目次欄に〈ＳＥＡＬＤｓが残したもの〉という見出しのもとに〈街頭デモから新しい政治のあり方を模索してきた学生団体「ＳＥＡＬＤｓ」が解散した。彼らが残したものを追った〉という紹介文があったので、朝日がずっと支援してきたあの学生たちの組織が解散したことを知った。ページを繰ってみると、二面に、これでもかというほどの礼讃《らいさん》記事が並んでいた。

〈市民が争点作る　種まいた〉〈国会デモ・野党共闘…シールズ解散〉〈東アジアで先行　若者連携〉といった見出しが躍り、さらに、十面の社説では、〈個人の連帯これからも〉と銘打って、その意義を謳い、解散を惜しんだ。朝日がシールズ解散を報じた行数は、社説も含め、実に総計二百八十五行に及んだのだ。

私には、特に台湾の「ひまわり学生運動」や香港の「雨傘運動」の若者たちと同列視し、記事をシールズの奥田愛基氏の〈「香港だって台湾だって、実際に政治を動かすまで数年かかっている。日本の動きは始まったばかりだ」〉とのコメントで締めていたのには、二の句が継げなかった。

目前に迫った中国による人権抑圧と必死に闘う台湾と香港の学生たちの運動と、逆に、一九九二年に定めた「領海法」によって日本領の尖閣を「自国の領土」とし、紛争を前提に挑発を繰り返す中国の側を喜ばす主張を展開するシールズを「同列に位置づける」神経に言葉を失ったのだ。

尖閣を守るため、つまり、「戦争を防ぐ」ためには、当該海域での日米の連携を強化し、中国に「手を出させない」体制を構築することは急務だ。

そのために十八年ぶりに改定された日米ガイドライン協議があり、安全保障法制があった。だが、シールズには、そんな安全保障上の危機感もなければ、昔ながらの左翼陣営の主張に丸乗りした現実無視の「観念論」しかなかった。

彼らの主張は若者にさえ受け入れられず、逆に参院選では、二十代の若者の四三％

が、比例投票先が自民党となる結果を生んだのではなかったのか。

一方、同じ日の産経紙面には、尖閣に押し寄せた四百隻もの中国漁船に、百人以上の中国民兵が乗り込み、漁船には、貢献の度合いに応じて数万から十数万元の手当てが出ていることがすっぱ抜かれていた。

新聞には、世の中の出来事を正確に伝え、警鐘を鳴らす役割がある。しかし、日本には悲しむべきことに、相手国に〝ご注進〟を続けて外交カードを与え、自国を決定的に不利な立場に追い込む新聞が存在する。

八月は、そんな日本の新聞の有様《ありさま》を国民に示してくれる貴重な時期である。今年も、そのことをじっくり考えさせられた夏となった。

（二〇一六年八月二十八日）

論点

現実と憲法　邦人の命を守れない日本

自国民の救出をなぜできないか

二〇一五（平成二十七）年十二月五日、映画『海難1890』が封切られた。私は土曜日朝の八時四十分からの最初の回を観に行った。それは、私にとって、「待ちに待った公開」だったからだ。

日本とトルコの友好百二十五周年を記念して、両国の合作で製作された『海難1890』は、一八九〇（明治二十三）年に起こったトルコ軍艦「エルトゥールル号」の遭難事件と、その九十五年後のイラン・イラク戦争におけるテヘランからの邦人救出劇を描いたものである。

私は〝邦人救出〟をテーマに、二〇一五年十一月、この二つの事件と、さらに「湾岸戦争（一九九〇年）」「イエメン内戦（一九九四年）」「リビア動乱（二〇一一年）」を取り上げたノンフィクション『日本、遥かなり』（PHP研究所）を上梓したことはすでに述べた。

これらの出来事の中で、窮地に陥り、日本という国から見捨てられ、かろうじて「生」を保った在留邦人たちの姿と怒りを実名証言で描かせてもらった。私は自分自身が取材した出来事を、映画が「どう表現しているのか」を知りたくて、早朝から映画館に足を運んだのである。

私は映画を観ながら、日本とトルコの友好百二十五周年を記念した作品に相応《ふさわ》しいものだと思った。目頭が熱くなるシーンが何度もあり、観客の心を見事に捉えていた。人間の真心や友情、国と国との友好の本当の意味というものを観るものに考えさせてくれる映画だった。

拙著『日本、遥かなり』と映画は、伝えたいことが、根柢の部分で共通していたのではないかと思う。

人が人を助けるということはいかなることか。そして、国家にとって自国民の救出が持つ意味は何か、そのことが十分表現されていた。

「どうして、日本が日本人を助けられないんですか！」

映画の中で、テヘラン在住の日本人教師を演じる忽那汐里《くつなしおり》（二役）が、日本から救援機がやって来ないことについて、そう叫ぶシーンがある。まさに、この映画の〝核〟である。

どこの先進主要国でも行う「自国民の救出」を日本だけがなぜできないのか。それは、そのことに対する痛烈なメッセージだったと思う。

エルトゥールルの奇跡

一八九〇年九月、和歌山県串本の紀伊大島沖でトルコ軍艦エルトゥールル号が台風で難破し、五百八十七名の乗組員が死亡、または行方不明となった。しかし、同島の樫野《かしの》地区の村民たちが懸命に救助活動を行い、「六十九名」のトルコ人の命が救われた。

海岸にうち上げられた瀕死の乗組員を背負って崖をよじ登り、近くの寺に運んで懸命に救命措置を施した村民は、それぞれの家からわずかに蓄えていた食糧を持ち寄り、乗組員に食べさせた。必死の介抱が六十九名のトルコ人を大惨事から「生還させた」

のである。

この遭難事故に心を痛めた明治天皇が、犠牲者を手厚く葬り、生還者をトルコに送り届けることを指示したことで、国民から一挙に多額の義援金が集まることになる。日本の軍艦「金剛」と「比叡」によって、無事、本国に送り届けられた生還者たちは、日本人が自分たちにやってくれたことを伝えた。それがトルコの人々の胸を打ったのである。

その後、日露戦争で日本が勝利し、露土戦争で長くロシアに苦しめられてきたトルコの人々は、日本への尊敬を増していく。そんな日本人へのトルコ人による感謝が具体的なかたちとなったのは、実にそれから「九十五年後」のことだった。

一九八五年三月、イラン・イラク戦争が激化し、イランの首都テヘランに連日のように空襲がおこなわれる事態となった。

さらに三月十七日に、イラクのサダム・フセイン大統領が、イラン上空を「戦争空域」に指定し、「四十八時間経過後、イラン領空を飛ぶものは、軍用・民間を問わず、すべて撃墜する」と宣言。テヘランに駐在していた外国人はパニックに陥るのである。

欧米各国は次々と救援機を派遣し、自国民の救出にあたった。だが、日本から救援機は来なかった。

この時、伊藤忠の森永堯《たかし》・イスタンブール事務所長が長く親交を結んでいたトルコのオザル首相に頼み込み、トルコ航空の救援機派遣を実現する。それは、トルコ航空のパイロットやスチュワーデスが戦下のテヘランに「志願」して飛ぶという「時を超えた恩返し」に繋《つな》がっていく。テヘラン在住のトルコ人と、二百名以上の邦人が待つメヘラバード空港に二機のトルコ航空機が派遣され、邦人が救出されるのである。

拙著では、妊娠していたスチュワーデスが、エルトゥールル号遭難事の時の恩義を日本人に返すために妊娠の事実を誰にも告げずに飛んだエピソードも紹介させてもらった。

このエルトゥールル号遭難事件とテヘランからの邦人救出劇は、日本とトルコの歳月を超えた友情として、今も語り継がれているのである。

「ノー・ジャパニーズ」

しかし、その美談の陰には、自国民が窮地に陥っても、これを救出しようとしない日本の姿がある。それは、自国民の命をいかに蔑ろにしているかを示すものにほかならない。

先進国は、この時、自国民をどう救出したか。

事態が切迫してきた時、各国の航空会社の通常便はキャンセルされ、「特別便」となった。もともとの通常便のチケットは解約され、すべての座席が自国民救出のために使われたのだ。では、自国民を収容して、それでも空いた席はどうなったか。

ヨーロッパの航空便ならば、それは、「ヨーロッパ人優先」となった。

もともとその通常便のチケットを持っていた邦人は、空港のカウンターで、「ノー・ジャパニーズ」というひと言で搭乗を断られている。非常事態の際の現実を、邦人はその時、目《ま》の当たりにしたのである。

テヘラン日本人会は、テヘランの日本大使館を通じて、日本航空に救援便派遣の要請をおこなうが、日本航空は救援便を出すにあたって、

「イラン・イラク双方から〝安全保証の確約〟をとること」

という条件を提示した。

戦争の当事者である両国に「フライトの安全保証」を要求するという、誰も考えつかなかった条件提示によって、事実上、日本航空は救援機派遣を拒否したのである。

それは、ナショナルフラッグと呼ばれる英国航空、エールフランス航空、アエロフロート航空、ルフトハンザ航空……等々、各国の特別便が飛来する中、テヘラン在住の邦人にとって、「絶望」と、世界の「現実」との遭遇だったに違いない。

それとともに、「自国民の命を守る」という国家としての責務を放棄する日本の「世界の常識からかけ離れた姿」を、テヘラン在住の邦人たちは突きつけられたのである。

フセインによる撃墜宣言のタイムリミットぎりぎりで邦人救出に成功したトルコ航空のオルハン・スヨルジュ機長（当時五十九歳）は、イラン領空を出てトルコの領空に入った時、

「ウェルカム・トゥ・ターキー（ようこそ、トルコへ）」

とアナウンスする。その時、機内を揺るがす大歓声が湧き起こった。それは、トルコとの長い友情の末に実現した〝奇跡の救出劇〟にほかならなかった。

しかし、国家にとって、最も大切な自国民の「命」は、信じがたいことに、これ以降も日本では「見捨てられ」つづけるのである。

迷走する自国民の救出

トルコ航空によるテヘランからの邦人救出劇の二年後、政府は一九八七年五月、政府専用機二機を三百六十億円で導入することを決定する。これによって、いざという時の「邦人救出」が可能になったかと思われた。しかし、実際には、日本から邦人救出のために政府専用機が飛来することはなかった。

そのことが如実に示されたのは、一九九四年五月に勃発したイエメン内戦である。イエメンは、人口およそ二千七百万人を擁する中東のアラビア半島の突端に位置する国だ。一九九〇年に北イエメンと南イエメンが合併し、「イエメン共和国」が誕生したが、旧勢力間の溝は埋めがたく、内戦が勃発したのだ。

航空攻撃やスカッドミサイルが飛び交う戦闘は、首都サヌアにも及んだ。ただちに各国からは自国民救出のために、救援便が飛んで来る。

軍用機も次々と飛来し、自国民救出という国家の責務が果たされていった。だが、この時も、日本からは救援機は来なかった。

当時の秋山進・イエメン大使は在留邦人を各国の救援便や軍用機に乗せてもらうために奔走する。首都サヌアだけで駐在の邦人は百人を超えており、その救出を他国に〝委《ゆだ》ねた〟のである。懸命の説得で、戦下のイエメンから、ドイツ、フランス、イタリア、アメリカの軍用機が邦人を救出していった。

青年海外協力隊（ＪＯＣＶ）イエメン調整員事務所の伊東一郎所長（当時四十三歳）は、この時、自国民の命を軽んじる日本の現実に直面した。

「私は、この問題は、〝自衛〟ということの意味をどう解釈するかという問題だと思っています」

と前置きして、こう語ってくれた。

「あの時、私たちは救出に来てくれた他国の軍用機に乗せてもらって、在留邦人に犠牲者は出ませんでした。しかし、それは、たまたま運がよかっただけのことです。救出を待っている時、ほかの国のボランティア団体の人たちから〝なんで日本はお金があるのに、救援機が来ないのか。もっと貧乏な国だって来ているじゃないか〟と言われました。それが他国の人たちの率直な感想です。安全保障問題で、よく普通の国になる、ということを言いますが、しかし、普通の国というのがどういうものか、ということを、日本の国民のほとんどが知らないと思います。私はむしろ、そっちの方が問題じゃないかと思っています」

国家が「自国民の命を守る」という当たり前のことが、日本では「許されないこと」

なのである。

倒錯した法理

それは、一体、なぜだろうか。

自衛隊機が邦人救出のために海外に派遣されることに対して、日本では大きな反対論がある。

「海外での武力行使に繋がる」

「それは憲法違反になる」

信じがたいそんな主張をおこなう政治勢力やジャーナリズムが日本には存在しているからである。いや、むしろ、その方が優勢だといってもいいだろう。

国民の「命」を守ることは、言うまでもないが、「究極の自衛」である。そのことが、「憲法違反になる」という倒錯した法理を説く政治勢力や学者、ジャーナリストが、日本では驚くほど多い。

どこの国でも、腹を抱えて笑われるような空虚な言論が日本では大手を振り、実際にマスコミの大勢は、その意見によって占められているのである。

「自国民を助けに行くことは不自然でもなんでもなくて、〝自衛〟なんです。なにも戦争を仕掛けに行くわけでもないし、当たり前の話だというふうに、世界の誰もが考えている。でも、その国際常識がないのが、日本なんですよ」

伊東氏もそう語る。

「戦争は嫌だ、という人が多いですが、戦争なんか誰だって嫌なんですよ。誰も戦争なんかやりたくない。だから、それとこれとは次元の違う話だ、ということがわからないんです。日本のようにボケるほど平和な国というのは幸せなんだろうけれども、あまりに考え方が現実離れしています」

イエメンで自分たちが救出されたことを伊東氏は、こう捉えている。

「私たちが助けてもらったケースなどは、自国民の救出を日本が〝他国に委ねた〟ことになります。それは、逆の場合もなければ、少なくとも対等なつき合いとは言えないですよね。しかし、では、東アジアで同じようなことが起こり、今度は他国から救出を頼まれた時、日本はどうするんでしょうか。自国民の救出すらできない日本が一体、どんなことができるのか。イエメン内戦の場合、国際社会が、力を合わせて私たちの命を守ってくれました。しかし、日本はどうするのか、私はどうしてもそのことを考えてしまいます」

世界の常識から逸脱した日本の姿が、そこにはある。そして、残念なことに、自国民の命を助けることを「憲法違反」などと言う〝内なる敵〟への配慮から、日本はいまだに有効な法改正ができないままなのである。

イエメンでの出来事が教訓となって一九九四年十一月、自衛隊法が一部改正され、第百条に〈在外邦人等の輸送〉という項目が加わった。

輸送の安全が〈確保されていると認めるとき〉は、航空機による当該邦人の〈輸送を行うことができる〉とし、輸送は政府専用機で行い、困難な時は、〈その他の輸送の用に主として供するための航空機により行う〉ことができるようになったのだ。

しかし、その要件の中には、〈安全の確保〉がなによりも優先されたため、紛争国への派遣は、認められなかった。つまり、イエメンのような紛争地帯には飛んでいくことが「できない」のである。

邦人救出のために奔走した秋山進・イエメン大使はこれに対して、外務省の内部文書で以下のような意見を提出している。

〈先の内戦の際、独、伊、仏及びジョルダンの協力を得て約１００名の邦人を無事国外に脱出させることが出来た。イエメン内戦を契機として改正された「自衛隊法第100条」は「当該輸送の安全について、これが確保されていると認めるときは」航空機による輸送を行うことが出来るとしているところ、他の先進諸国が実施している様に、「危険があれば、それを排除してでも邦人を救出する」ことの出来る制度が早急に確立されることが望まれる〉

それは国際紛争の実態をはじめ、「現場」を知る外交官として、当然すぎる提言だっただろう。

それでも救えない日本

『日本、遥かなり』では、二〇一一年二月のリビア動乱の際の邦人救出問題も詳細に描かせてもらった。

前年暮れに起こったチュニジアでのジャスミン革命が、独裁者カダフィが支配する隣国リビアにも波及。首都トリポリをはじめ、リビア全土が大混乱に陥った。しかし、この時も日本からは邦人救出のための航空機は飛ばなかった。邦人は、各国の民間機、軍用機、あるいは軍艦……等々でかろうじてリビアからの脱出を果たしている。

つまり、この時も、危機一髪の事態で、他国に救出を〝委ねて〟切り抜けている。いくら政府専用機ができようと、課せられたさまざまな条件のために、他国のように「なにを置いても自国民を救出する」という行動が取り得ない日本の実情が露呈されたことになる。

そして、残念なことに紆余曲折の末に二〇一五年九月に成立した一連の安全保障関連法（安保法制）でも、その実態は変わらない。それは、二〇一四年五月十五日、内閣総理大臣の諮問機関である安保法制懇（安全保障の法的基盤の再構築に関する懇談会）が出した報告書の中の重要部分が安保法制には「採用されていない」からである。

邦人救出問題について、報告書には、こう記されていた。

〈国際法上、在外自国民の保護・救出は、領域国の同意がある場合には、領域国の同意に基づく活動として許容される。（略）なお、領域国の同意がない場合にも、在外自国民の保護・救出は、国際法上、所在地国が外国人に対する侵害を排除する意思又は能力を持たず、かつ当該外国人の身体、生命に対する重大かつ急迫な侵害があり、ほかに救済の手段がない場合には、自衛権の行使として許容される場合がある〉

そして、報告書は、「国家の責務」という言葉まで用いて、こう提言している。

〈多くの日本人が海外で活躍し、2013年1月のアルジェリアでのテロ事件のような事態が生じる可能性がある中で、憲法が在外自国民の生命、身体、財産等の保護を制限していると解することは適切でなく、国際法上許容される範囲の在外自国民の保護・救出を可能とすべきである。国民の生命・身体を保護することは国家の責務でもある〉

この提言の一部は、安保法制によって実現した。自衛隊法の改正によって、〈在外邦人等の保護措置〉という項目が新設され（第八十四条の三）、在外邦人がなんらかの危機に陥った時、これまでの「輸送」だけでなく、「救出・保護」を自衛隊が行えるようになったのだ。

防衛大臣は、外国における緊急事態に際して生命又は身体に危害が加えられるおそれがある邦人の〈警護、救出その他の当該邦人の生命又は身体の保護のための措置〉を内閣総理大臣の承認を得て、これを行わせることが可能になったのである。

しかし、その要件として、領域国が公共の安全と秩序を「維持」しており、領域国の「同意」があり、さらには領域国の関連当局との「連携・協力」の確保が見込まれる場合にのみ、自衛隊は、在外邦人の「救出・保護」を行える、とした。

これは、逆にいえば、この三要件が満たされなければ、自衛隊は在外邦人の「救出・保護」にはあたれないという意味である。

つまり、「邦人救出」には、いまだに、手枷足枷《てかせあしかせ》が嵌《は》められており、そのため、自衛隊は海外で窮地に陥った在留邦人を救い出すことは極めて難しいのである。安全の確保を絶対条件とする「邦人輸送」に続き、国会審議と反対勢力への配慮から、懸案の在外邦人救出問題は解決を「阻止」されたのである。

「大きな犠牲が必要」

私は『日本、遥かなり』の取材の過程で、かつて駐ペルー特命全権大使を務めた青木盛久氏（七六）に話を伺った。青木氏は、一九九六年にペルー日本大使公邸占拠事件に遭遇し、ペルー政府の要人やペルーで活動する日本企業の駐在員らと共に百二十七日間もの人質生活を体験している。

青木氏は、のちにケニア大使も務め、外務省での外交官生活は四十年近くに及んだ。その間、多くの紛争や事件に遭遇しており、邦人救出問題にも詳しい。その青木氏に邦人救出問題について、意見を求めたのだ。

「国として邦人救出のために法整備を行い、そのためにさまざまな選択肢を持つことについては賛成しますが、これは、五年や十年でできる話じゃありません」

青木氏はそう語った上で、こんな意見を披瀝《ひれき》した。

「そういうものを選択肢として持っていない国は、主要国としては日本だけでしょう。しかし、ほかの国と同じように、自国民を救出できるような法案は、また〝戦争法案〟と言われてしまいます。要は、国民の意識が変わらないと、とても無理でしょうね」

これを実現するためには、「大きな犠牲」が必要だと、青木氏は指摘する。

「日本は、〝大きな犠牲〟が生まれるまでは、そういう選択肢をたぶん持たないだろうと思うんですね。つまり、その選択肢を持っていなかったために、多くの邦人が海外で命を失うことにならなければ、国民の意識は変わらないと思います。残念ですが、日本人の意識が変わるには、それが必要なのでしょうね」

在留邦人の生命を救うという「究極の自衛」を阻止しようとする人々と、そのことによって生まれるに違いない犠牲者――私は、憲法が存在している「真の意味」さえ理解できない人々の罪の大きさを、どうしても考えてしまうのである。

（『正論』二〇一六年二月号）

第五章
なぜ「現実」を報道できないか

少年実名報道の「今昔」

無念であり、残念である。川崎市の中1殺害事件（二〇一五年二月）は、その痛ましさという点で、日本犯罪史に残るものとなった。

これほどむごい事件を引き起こした主犯格の十八歳少年が、自らの権利擁護には熱心だったことも世間にショックを与えた。最初から弁護士を伴って警察にやってきた少年は、当初、「今は話したくない」と黙秘し、やがて量刑に影響するからか、「いかに計画性がなかったか」を印象づける供述をするようになった。世間がさらに怒りに包まれたのも無理はないだろう。

同時に、私は新聞の少年犯罪報道に、今昔の感を覚えている。ヒステリックに加害少年の人権擁護を書きたててきた新聞がすっかり影を潜めているのだ。そして、実名報道に対する姿勢にも、大きな変化が生じている。

少年法第六十一条には、加害少年の氏名や写真の掲載を禁ずる規定がある。しかし、かつて新聞は、浅沼稲次郎（当時社会党委員長）を刺殺した十七歳の山口二矢《おとや》（逮捕後自殺）や、十九歳の連続射殺犯・永山則夫《のりお》（元死刑囚）ら少年犯罪者の実名を堂々と報じてきた歴史がある。

なぜ新聞は実名報道をおこなっていたのか。

それは、少年法の総則第一条に根拠がある。そこには、少年法が〈少年の健全な育成を期し、非行のある少年に対して〉定められたものであることが明記されているからだ。つまり、少年法の対象は、あくまで〈非行のある少年〉であり、犠牲者が存在する無残で凶悪な殺人行為が〈非行〉の範囲内であるはずがないと新聞は考えていたのである。それは新聞だけでなく、世間の常識でもあっただろう。

実際に家庭裁判所に送られた加害少年は検察に逆送され、起訴された段階で、刑事訴訟法に基づき公開法廷で裁かれる。法廷には、手錠腰縄《こしなわ》つきで傍聴者の前に少年が実名で現れるのである。もし、この時点でも少年法が「生きている」なら、国みずから少年法を犯していることになる。

だが、いつの頃からか、新聞は非行を越えたこの少年の凶悪犯罪に対しても実名報道を控えるようになった。いや、それどころか、是々非々で実名報道を続ける雑誌に対して、〈ひとりよがりの正義感〉〈売らんかなの姿勢は許されない〉などといった憎悪に満ちた社説を掲げるようになった。それまでに自分たちがおこなっていた「実名報道」を棚に上げ、ヒステリックに非難したのである。

加害少年の利益を過剰に擁護することを「人権」と勘違いした新聞は、思考停止に陥り、それが世の不良たちをのさばらせ、平穏に暮らす少年少女たちの命を危険にさらしていることに気づこうともしなかった。

だが今回、一部雑誌による少年の実名報道に対して、新聞の感情的な批判記事は皆無だった。

うわべだけの正義を論じる「偽善」と「思考停止」から、新聞は抜け出そうとしているのだろうか。守るべき真の人権さえ見据えることができなかった新聞が、今後どんな論調を掲げていくのか、興味は尽きない。

（二〇一五年三月十五日）

「新聞離れ」と「地震報道」

新聞は大災害の時にどんな役割を果たすのか。

東日本大震災の際、地震と津波で壊滅的な打撃を受けた被災地では、電気も水もなく、テレビも無用の長物と化した。そんな時、被害の実態から生活情報に至るまで、被災者が求める情報を伝え続けたのは新聞だった。

福島県での福島民友や福島民報の活躍は今も記憶に新しい。その意味では、新聞とは、災害時における立派な社会のインフラ（基盤）といえる。今回は果たしてどうだろうか。

だが、未曽有の大災害となった「平成二十八年熊本地震」では、その新聞が剥き出しのイデオロギー論争を繰り広げた。こんな時でも、新聞にとって一番大切なのは、「自分たちの主張なのか」と、読者も呆《あき》れているだろう。

典型的な例が、オスプレイ報道である。私は、安倍晋三首相が「米軍から航空機輸送について、実施可能との連絡を受けました」と表明した時に、この報道を予想していた。

大地震は「道路の寸断」をもたらし、山間部では孤立化する集落が続出する。そこで威力を発揮するのは、滑走路の必要がない垂直離着陸機だ。米軍でいえば、かのオスプレイになる。

懸念した通り、二〇一五（平成二十七）年、安保法制反対を唱えた各紙が一斉に批判を展開し始めた。〈必要性　疑問の声〉と朝日が異を唱えれば、毎日も〈災害で初「政治利用」の声〉（いずれも二〇一六年四月十九日付）と噛みついた。

毎日には、熊本ではなく、「佐賀」の主婦が登場し、「被災者の方々はおにぎり一つでもありがたいと思う状況。政府は（オスプレイの国内配備のために）どんな状況でも利用するのか」とコメントしていた。しかし、その「主婦」が実は、反原発の原告団の代表だったことがわかり、ネットで糾弾されている。

また、朝日では、「防衛省関係者」なる匿名の人物が、「オスプレイの支援は必ずしも必要ではないが、政治的な効果が期待できるからだ」とコメントし、朝日の主張の正当性を裏づける記事が掲載された。

本当にそんなことを言う防衛省関係者がいるのか、と誰もが首をかしげるだろう。自らの主張のためには、紙面に、活動家が単なる「主婦」として登場したり、正体不明の「防衛省関係者」がコメントしたりするのである。

一方で、〈オスプレイの活用は効果的だ〉（読売）、〈着実な日米協力を示した〉（産経）と、米軍支援とオスプレイ投入を評価したのは、二紙（いずれも同四月二十三日付社説、主張）だった。

純粋に被災者の利益を考えるのか、それとも政治的イデオロギーに固執するのか。危急の時ほど、新聞にとって、日頃の編集方針や思想は、より鮮明になる。被災者そっちのけで主義主張を振りまわす紙面に、一般の読者は一体、どんな感想を抱いているのだろうか。

間違いないのは、〝新聞離れ〟は「もはや止まらない」という冷徹な現実だけである。

（二〇一六年五月一日）

都知事選報道でも敗北

低調だった参院選に比べ、都知事選（二〇一六年）が盛り上がっている。ある調査では、回答者の九割が「関心がある」と答えたというから相当なものである。告示後に特定候補への週刊誌のスキャンダル記事まで飛び出し、異例の展開を見せている。

しかし、それほどの注目選挙でも、新聞報道がまったく目立っていない。さまざまな分野で、インターネットやテレビの後塵《こうじん》を拝している新聞が、都知事選報道でも完全に埋没している。一体、なにが負けているのか。

〝究極のあと出しジャンケン〟で出てきた鳥越俊太郎氏（七六）出馬の舞台裏も、新聞を読むかぎり何も分からない。

唯一、朝日が参院選で当選した民進党の杉尾秀哉氏が当選直後に鳥越氏と話し、〈「脈あり」と感じた杉尾氏は、民進幹部に連絡。知らせを聞いた長妻昭代表代行が鳥越氏と面会し、「立候補したい」との言質《げんち》を得た〉と書いた。

ほかの新聞はほとんど報道なし。だが、二日後の告示で、鳥越氏のポスターは、しっかりと他の候補に先駆けて候補者掲示板に貼られていた。

たった二日でポスターができ、しかも掲示板に貼られることなど、あり得ないから、朝日の記事も的を射ていたとはいえまい。結局、新聞読者は、真実を知らされないまま選挙戦が始まったのである。

十七年ぶりの分裂選挙になった自民党の抗争の「舞台裏」も新聞からは伝わってこない。自民党都連の副会長でもある小池百合子氏（六四）が出馬表明し、公認申請しても、会長の石原伸晃氏、そして〝都連のドン〟こと内田茂幹事長が「俺は聞いていない」と開き直り、元岩手県知事の増田寛也氏（六四）を引っ張り出した。常識ではあり得ないことだ。

裏に何があるのか、新聞を読んでもさっぱり分からず、結局、ネットにその答えを探しにいく人が多いのが実情だ。

なぜ新聞は、読者のニーズに応えられないのか。

だが、それは望んでも仕方がないことかもしれない。答えは明らかだからだ。記者が取材対象に「食い込んでいない」のである。重要な取材源が、日頃から記者に〝気をゆるす〟までの関係になっておらず、いざというときに核心情報が「取れない」のだ。

読者が知りたい舞台裏も書けずに、何が新聞か、と私は思う。

新聞は、せっかく世論調査もしている。直接、有権者の生の声を聞いているのである。しかし、これも記事には生かされない。要するに「工夫がない」のである。公選法をすり抜け、読者の期待に応える記事はいくらでも可能なのに、新聞にはそれがない。

記者だけでなく、組織自体が、単なる「いい子」になってはいないか。この〝情報ビッグバン〟の時代に新聞社と記者が「いい子」になって、そこに安住したら、もう終わりである。

スクープに目をぎらつかせていた、かつての〝ブン屋魂〟を思い起こしてほしいと思う。今の新聞に欠けている最大のものは、「チャレンジ精神」にほかならない。

（二〇一六年七月二十四日）

ファクトか、論点のすり替えか

新聞は、ファクト（事実）を正確に伝えているだろうか。それとも論点をすり替えることに加担しているのか。

久々に、そんな興味深い考察をさせてくれたのが、ネットから発信されて広がった蓮舫氏の二重国籍問題だ。国会が開会となり、与野党の論戦が始まった今、その視点でもう一度、この問題を振り返ってみたい。

言うまでもないが、日本の国籍選択は、国籍法第十四条によって規定されており、「二重国籍」は認められていない。また、外務公務員法には「外務公務員の欠格事由」の項目があり、二重国籍は厳しく戒められている。

しかし、蓮舫氏は、二重国籍を隠したまま、参院議員に三度当選し、二〇一〇年には、行政刷新担当大臣という閣僚の座にもついていた。二〇〇四年の参院選の選挙公報には「1985年、台湾籍から帰化」と書かれており、これは公職選挙法の経歴詐称にあたる。また、ネットの告発を契機に過去の蓮舫氏の発言も次々と明らかになった。

「（日本の）赤いパスポートになるのがいやで、寂しかった」（朝日　一九九二年六月二十五日付夕刊）

「そうです。父は台湾で、私は二重国籍なんです」（『週刊現代』九三年二月六日号）

「在日の中国国籍の者としてアジアからの視点にこだわりたい」（朝日　同年三月十六日付夕刊）

「だから自分の国籍は台湾なんですが、父のいた大陸というものを一度この目で見てみたい、言葉を覚えたいと考えていました」（『CREA』九七年二月号）

……等々、かつて、蓮舫氏は、二重国籍を隠すことはなく、堂々とこれを表明していた。つまり、蓮舫氏は、「うっかり手続きを怠っていた」のではなく二重国籍を認識し、その上で国会議員となり、閣僚になっていたのである。

そして今回の告発がなければ、二重国籍のまま自衛隊の最高指揮官であり、外交責任者たる「総理」を目指す野党第一党党首となっていたのだ。問題の核心は、ここにある。

では、新聞はこれをどう伝えただろうか。この核心をきちんと報じていたのは、読売と産経二紙だけで、ほかはこれらの重要なファクトを隠した上で、〈「純粋な日本人」であることは、それほど大切なのだろうか？〉（朝日　二〇一六年九月二十五日付）〈根底には純血主義や排外主義、民族差別意識があると感じる〉（毎日　同二十一日付）といった具合に論点はすり替えられた。

過去の蓮舫氏の発言を紹介し、二転三転する同氏の発言を正確に報じなければ、読者に論点は見えてこない。今回もそれらを補い、本質的な論争は、すべてネット上で繰り広げられた。

そこに生じたのは、ネットでも情報を取得する層と、新聞やテレビのみにこれを頼る層との圧倒的な意識の乖離である。

国民にとって、新聞は、もはや必要不可欠な存在ではないのか。そんなことまで考えさせてくれた蓮舫氏の二重国籍問題だった。

（二〇一六年十月二日）

政治記事のダイナミズム

政治は生きている。かつて、政治部記者たちは、政治の生《なま》の姿を報じるために夜討ち朝駆けを欠かさなかった。その結果生み出された政治記事は面白かったし、さまざまな示唆《しさ》に富んでいた。

では、今の新聞に、そんな政治の醍醐味《だいごみ》を見いだすことができるだろうか。新聞は、政治のダイナミズムを伝えているか、という意味である。

残念ながら、新聞の政治記事が面白いとは、とても思えない。国会で、重箱の隅をつつくような質問や、ケチをつけるだけの「反対のための反対」の質問がくり返され、責任野党不在の状況に、国民が嫌気を差しているという面もあるだろう。情けない国会の有様を見ていると、政治のダイナミズムそのものが日本から消え失せたかのようだ。しかし、実際には、政治は今、大きく動いている。

私は、東京五輪の三会場をめぐる騒動で、小池百合子都知事に「三戦全敗」の観測報道が出るや否や、さまざまな動きが勃発したことが興味深かった。

七人の区議会議員らが、要求されていた身上書を期限までに提出せず、自民党を除名になった。その途端、都議会で自民党都議たちが事前通告なしに数十項目に及ぶ嫌がらせともいうべき質問を小池知事に浴びせた。

ついに戦いの火ぶたが切って落とされたのだ。いよいよ〝小池新党〟の誕生待ったなし、である。

では一体、小池新党が「いつ」「どんな形」で登場するのか、単に二〇一七年七月の都議選での勝利を目指すだけで終わるのか、それとも、来るべき衆院選の前に発足し、「全国規模」で展開することはできるのか。また、「日本維新の会」との連携はどうなるのか。一挙に両党で国政での「第三極」を構成し、あわよくば政権奪取まで視野に入れるような事態となっていくのか。

一方の安倍晋三政権は、小池新党と日本維新の会に神経を尖《とが》らせている。すでに橋下徹・前大阪市長はツイッターで、「小池さん、新党結成するなら年内がタイムリミット」と小池知事に呼びかけている。事態は、風雲急を告げているのである。

支持率六〇％を超える安倍首相は虎視眈々《こしたんたん》と解散総選挙を狙っているが、いかんせん解散への「大義名分」がない。そして、憲法改正を争点に解散すれば、選挙に敗北するかもしれないというジレンマがある。果たして、安倍首相はどう動くのか。

目に留まったのは産経の二〇一六年十二月七日付朝刊〈「戦後政治の総決算」首相真珠湾へ〉、あるいは朝日の同十日付朝刊〈1月解散論　自民に浮上〉といった内幕モノである。まだ掘り下げこそ足らないが、少なくとも政界の内幕を読者に伝えようとする意気込みは感じられた。

毎朝の紙面から政治のダイナミズムや生の政治家の息遣《づか》いを読み取りたい新聞ファンはまだまだ多い。国民にとっての新聞の存在理由とは何なのか。

世の政治記者たちよ。奮《ふる》い起《た》つべき時は来ぬ、である。

（二〇一六年十二月十八日）

「単純正義」が新聞を滅ぼす

新聞の普遍的価値観とは何だろうか。報道の使命を記者たちはどう感じているのだろうか。時々、そんなことを考えさせられることがある。

二〇一七年一月十七日付読売夕刊の記事もその一つだった。

生活保護受給者の自立支援を担当する神奈川県小田原市の職員が、〈保護なめんな〉〈不正を罰する〉など、受給者を威圧するような文言を英語とローマ字でプリントしたジャンパーを着て各世帯を訪問していた、と報じたのだ。〈生活困窮者を支えようという感覚が欠如している〉〈前代未聞だ〉という専門家の批判も掲載された。小田原市は厳しく責め立てられ、他紙もこれに追随したのである。

だが、この記事に違和感を覚えた読者は少なくなかった。私もその一人だ。本当に職員たちに「生活困窮者を支えようという感覚が欠如」していたのだろうか。いや、むしろ逆ではないか。私は、そう感じたのだ。

生活保護受給者が激増しているのは、周知の通りだ。不正受給に対する厳しい批判があった約二十年前（一九九六年）、受給は全国で六十一万三千世帯、支給総額は約一兆五千億円だった。しかし、二〇一四年には、百六十一万世帯で支給総額約三兆七千億円と、倍増以上の伸びを示している。

言うまでもないが、同制度は、生活困窮者に対して必要な保護を行い、自立を支援することを目的とする。真に困っている人々を助けて、健康で文化的な最低限度の生活を送る権利を保障する意義あるシステムである。

そこには当然ながら、「真に困っている人々」を助けるという大前提がある。もし不正受給を許したら、社会の公平性が失われる。あくまで本来の原則が貫かれて初めて意義を持ち、納税者も納得するものだ。だが、実態はどうだろうか。

厚生労働省によれば、二〇一五年度の一年間で明らかになった生活保護の不正受給件数は、全国で実に四万四千件に達し、過去最高を記録した。

不正受給者の中には、暴力団員など、さまざまな人がおり、訪問で怒鳴り散らされ、時にはケガを負うこともある。現に、小田原では、カッターで切りつけられた職員もいる。つまり、このジャンパーは、不正受給に対して敢然と立ち向かおうとする職員たちが、お互いを助け合い、気持ちを鼓舞《こぶ》するためにつくったものだろうと想像する。

膨張する社会保障費は、今や三十二兆円を超え、国家予算の三三％を占めている。生活保護制度の真の価値を実現するために小田原の職員たちが頑張っているのならば、私たち納税者は拍手を送りたいと思う。

だが、その思いは、新聞には通じない。これは〈人権侵害にあたる〉と、「単純正義」を大上段に振りかざすのだ。しかし、この問題に対してネットの反応が、ほとんど「職員よ、負けるな」というものだったことが興味深かった。

「偽善」と「単純正義」が新聞を滅ぼす、とは、言い過ぎだろうか。


（二〇一七年一月二十九日）

国際常識に背を向け続けるな

国連加盟百九十三カ国のうち、実に九四・三％にあたる百八十二カ国が締結している「国際組織犯罪防止条約」なるものをご存じだろうか。

これを締結していない国とは、イラン、南スーダン、ソマリア、コンゴ共和国、ツバル、フィジー、ソロモン諸島、パラオ、パプアニューギニア、ブータン、そして日本を入れた十一カ国だ。言うまでもなく、先進国では「日本だけ」である。

テロ組織が世界に多数存在し、一般市民の安全が脅かされている今、日本がこの条約を締結していないことには、誰もが首を傾《かし》げるに違いない。「日本はなぜ入らないのか」「何か都合の悪いことでもあるのか」――国際社会からそんな訝《いぶか》る声が出るのも当然だろう。

悪質な組織的国際犯罪からどう国民を守るか。そして、平穏に暮らす罪もない一般の人々が無慈悲に殺される無差別テロをどう防ぐか。それは、世界共通の課題であり、同時に国家にとっては、国民の生命・財産を守るという最大使命を意味するものでもある。そのために各国は情報を提供し合い、あらゆる策を講じようとする。だが、日本はそこに参加できない。なぜか。

この条約を締結するためには、重大犯罪を行うことを「共謀する罪」か、もしくは、組織的犯罪集団に「参加する罪」のいずれかを国内法で制定しておかなければならない。しかし、日本では、過去三度も廃案になり、いまだにその法律がないのだ。「思想や言論の取り締まりに使われかねない」『市民の自由な活動が阻害される恐れがある」「これは、現代の治安維持法だ」と主張する勢力が、日本では力を持っているからだ。

その中心で旗を振ってきたのは、新聞だ。

今国会も、「共謀罪」の構成要件を改め、「テロ等準備罪」を創設する組織犯罪処罰法改正案に対して、反対論が展開されている。例えば、その急先鋒である朝日は、〈テロ対策はむろん重要な課題だが、組織犯罪の類型は麻薬、銃器、人身取引、資金洗浄と多様だ。それを「テロ等準備罪」の「等」に押しこめてしまっては、立法の意義と懸念の双方を隠すことになりかねない〉（二〇一七年二月二日付社説）と宣言して以降、反対報道がくり広げられている。

三年後に迫る東京五輪。テロの足音が聞こえる中、人々の命を守るための情報や捜査共助さえ、日本は受けられないのである。現実が見えず、ひたすら時の政権に打撃を与えることだけに汲々《きゅうきゅう》として、抽象的な感情論を展開する新聞。しかし、各紙の世論調査では、皮肉にも圧倒的に政府方針を支持する調査結果が出ているのは興味深い。

私たち「国民の命を守る」ことを新聞はどう考えているのだろうか。

いま日本の新聞は是々非々で「現実」を報道するものと、単に「反対のための反対」の新聞とに明確に分かれている。さて、どちらが生き残るのかは、もはや自明というほかない。

（二〇一七年三月五日）

論点

少年Aは「更生していない」という事実

人間の行為とは思えない

Aは、何が書きたかったのか。

私は、太田出版から発売された酒鬼薔薇聖斗こと「元少年A」の手記『絶歌』（太田出版）を読み終えて、そのことが頭から離れなかった。

あれほど無惨な犯罪を起こした人間が、世間に何を問おうとしているのか。そして、そこに書かれているのは、果たして真実なのか。私には、肝心かなめの「核心」が書かれていないこの本に、さまざまな疑念と感慨が湧き起こった。

自己陶酔と自己顕示欲。読み終えた私に、この二つの言葉が浮かんできた。しかし、賛否両論の中、同書は初版十万部に続いて、五万部の増刷が決定された（二〇一五年六月十八日時点）。それは事件の遺族が「本の回収」を求める中での出版社側の〝強行策〟にほかならなかった。

私が「本に書かれていない」と言う「核心」とは何か。

それは、あの犯罪が果たして「人間の行為」だったのか、という根本的な問いかけにほかならない。

人間というのは、恨みや怒りによって、時に人の道を踏み外して、絶対に犯してはならない「殺人事件」を引き起こすことがある。その理不尽な事件が日々、報道され、世間はそれに眉を顰《ひそ》める。しかし、酒鬼薔薇事件は、それとはまったく異なるものだった。恨みや怒りではなく、ただ快楽のために「殺すこと」を目的とした弱者抹殺《まっさつ》の殺人行為だ。

人間と動物との決定的な違いは何か、と問われれば、私は「憐憫《れんびん》の情」と答える。生きるためにハンターとしてほかの生き物を捕食する動物には、憐憫の情がない。生きるために「食らうこと」に必死で、そんな情が入り込む余地は存在しないのだ。

しかし、人間は、憐《あわれ》みの気持ちを持つ生き物だ。時に道を踏み外すことはあっても、それでも殺人事件という絶対悪に対してさえ、まだ人間的な理由がある。だが、Aは、自らが得る快楽のために殺すことだけを目的とした事件を起こした。

そこには、人間が持つ憐憫の情というものが皆無で、それは今も変わっていない。事件から十八年が経ってなお、Aは本の出版によって、残された被害者遺族に想像もできないような無惨な苦悩と哀しみを「新たに与えた」のである。

一九九七（平成九）年五月、事件は起こった。神戸市須磨区の友が丘中学の正門前で、小学五年生の土師《はせ》淳君（十一）＝当時、以下同＝の切断された頭部が発見された。

〈さあゲームの始まりです　愚鈍な警察諸君　ボクを止めてみたまえ　ボクは殺しが愉快でたまらない　人の死が見たくて見たくてしょうがない　汚い野菜共には死の制裁を　積年の大怨に流血の裁きを〉

淳君の口には、〈酒鬼薔薇聖斗〉の名前で、そんな犯行声明文が咥《くわ》えさせられていた。淳君は頭部を切断されただけでなく、口の両端を耳の近くまで切り裂かれ、両まぶたにバッテンの傷までつけられていた。『絶歌』には、

〈この磨硝子《すりがらす》の向こうで、僕は殺人よりも更に悍《おぞ》ましい行為に及んだ〉（注／適宜ルビをふった。以下同）

としか触れられていない。それは、およそ「人間」の行為とは思えない。約一カ月後に逮捕された十四歳の少年Aは、二カ月前には小学四年の山下彩花《あやか》ちゃん（一〇）を金づちで殴り殺し、さらにその一カ月前には、女児にハンマーで重傷を負わせていた。『絶歌』には、これらの事件に至るまでの「ナメクジの解剖」や、猫を殺すさまが、この上なく緻密な筆法で描きだされている。胸が悪くなるほどのリアルさであり、類いまれなAの筆力を感じさせる。

自分より弱いものを容赦なく殺す。しかも、それは何かの「儀式」に違いなかった。それは、彼が日記に残し、そして崇拝してやまなかったというバモイドオキ神への〝生贄《いけにえ》〟でもあったのだろう。しかし、このバモイドオキ神への生贄と儀式についての記述はない。

人としての憐憫の情を持たず、弱者を抹殺し、世間が騒ぐさまを見て喜ぶ。サイコパス、言いかえればモンスターともいうべき異常犯罪者が、事件の真相をどう表現するのか。しかし、その「核心」には、一切触れられていなかったのである。

読み終えた私は溜息をつき、そして深く失望した。

「祖母の死」と冒涜《ぼうとく》の儀式

Ａが自ら転機としたのは、「祖母の死」である。どんな時でも味方で、優しく包んでくれた祖母の存在は、Ａにとって絶対的なものだった。しかし、その死がすべてを暗転させた。

Ａは小学五年の時に経験した祖母の死をこう記述している。

〈眼の前にいるのは確かに僕が愛し、僕を愛してくれた祖母だった。冷たく固い、得体のしれない物体と化した、祖母だった。その口はもう二度と僕の名を呼ぶことはない。その手はもう二度と僕の頬を優しくつねってはくれない。

自分の内部から何かがごっそりと削り取られたのを感じた。確かな消失感が、そこにあった。僕はこの時はっきりと悟った。「悲しみ」とは、「失う」ことなんだと〉

祖母の死に対する衝撃と、その亡き祖母の部屋で知った電気按摩《あんま》を用いた性の快楽。細かな描写は、読む側を引き込むに十分だ。

〈祖母の位牌の前に正座し、電源を入れ、振動の強さを中間に設定し、祖母の想い出と戯れるように、肩や腕や脚、頬や頭や喉に按摩器を押し当て、かつて祖母を癒《いや》したであろう心地よい振動に身を委《ゆだ》ねた。

何の気なしにペニスにも当ててみる。その時突然、身体じゅうを揺さぶっている異質の感覚を意識した。まだ包皮も剥《む》けていないペニスが、痛みを伴いながらみるみる膨らんでくる。ペニスがそんなふうに大きくなるなんて知らなかった。僕は急に怖くなった。（略）僕は祖母の位牌の前で、祖母の遺影に見つめられながら、祖母の愛用していた遺品で、祖母のことを想いながら、精通を経験した。僕のなかで、〝性〟と〝死〟が〝罪悪感〟という接着剤でがっちりと結合した瞬間だった。その後も、僕は家族の眼を盗んでは、祖母の部屋でこの〝冒涜《ぼうとく》の儀式〟を繰り返した〉

やがてその性的倒錯は「殺人」へと発展していく。Aは、弟の友だちでもあった淳君の殺害について、こう記述している。

〈僕は、淳君が怖かった。淳君が美しければ美しいほど、純潔であればあるほど、それとは正反対な自分自身の醜《みにく》さ汚らわしさを、合わせ鏡のように見せつけられている気がした。

淳君が怖い。淳君に映る自分が憎い。淳君が愛《いと》おしい。傍に居てほしい。淳君の無垢な瞳が愛おしかった。でも同時に、その綺麗な瞳に映り込む醜く汚らわしい自分が、殺したいほど憎かった。

淳君の姿に反射する自分自身への憎しみと恐怖。僕は、淳君に映る自分を殺したかったのではないかと思う。真っ白な淳君の中に、僕は〝黒い自分〟を投影していた〉三島由紀夫と村上春樹に傾倒していることを自ら明かしているAは、二人の文体を真似ている。読みようによっては、自分の文章に陶酔しているようにも思える。

〝核心〟には触れず

しかし、それでいて核心部分には、前述のように、一切、踏み込んでいない。そして、自分が人間的な感情を取り戻していることを思わせる描写は、繰り返し出てくる。会社の先輩の家に招かれ、そこで子供たちの姿に衝撃を受ける場面はこんな具合だ。

〈無邪気に、無防備に、僕に微笑みかけるその子の眼差しが、その優しい眼差しが、かつて自分が手にかけた幼い二人の被害者の眼差しに重なって見えた。

道案内を頼んだ僕に、親切に応じた彩花さん。最後の最後まで僕に向けられていた、あの哀願するような眼差し。「亀を見に行こう」という僕の言葉を信じ、一緒に遊んでもらえるのだと思って、楽しそうに、嬉しそうに、鼻歌を口ずさみながら僕に付いてきた淳《じゅん》君の、あの無垢《むく》な眼差し。耐えきれなかった。この時の感覚は、もう理屈じゃなかった。

僕はあろうことか食事の途中で体調の不良を訴えて席を立ち、家まで送るという先輩の気遣いも撥《は》ね退け、逃げるように彼の家をあとにした。

自宅へ帰るバスの中で、僕はどういうわけか、涙が止まらなかった〉

しかし、そこまで犯行への悔恨を表現しておきながら、少年たちが持つ「なぜ殺人をしてはいけないか」という疑問に答える場面では、Aはこう記述するのである。

〈大人になった今の僕が、もし十代の少年に「どうして人を殺してはいけないのですか?」と問われたら、ただこうとしか言えない。

「どうしていけないのかは、わかりません。でも絶対に、絶対にしないでください。もしやったら、あなたが想像しているよりもずっと、あなた自身が苦しむことになるから」

哲学的な捻《ひね》りも何もない、こんな平易な言葉で、その少年を納得させられるとは到底思えない。でも、これが、少年院を出て以来十一年間、重い十字架を引き摺《ず》りながらのたうちまわって生き、やっと見付けた唯一の、僕の「答え」だった〉

自分自身が苦しむことになるから、やめておけ――それが、Aにとっては、「どうしても人を殺してはいけない理由」なのである。

なんと理不尽で手前勝手な論理だろうか。果たして、Aは更生したと言えるのだろうか。

淳君の父親、土師守さん（五九）は、こんなことを語ってくれた。

「私は、今回の出版で、淳は二度殺されたと思っています。本は読んでないし、読む気もありません。こういう本を出すということは、更生もしてないし、（病気も）治ってへんやろう、ということですよ。反省の気持ちもないことがよくわかりました。今まで、ずっと（命日が近づくたびに）手紙に書いて送ってきた内容も嘘だったということです。手紙を読むと、〝こうあって欲しいな〟という気が、どうしてもありました。それが、やっぱり、思った通りやったんやな、ということです。そういう意味では、逆の意味だけど、私の中でも区切りがつきました」

Aにとって、これだけは踏み外してはならなかった遺族への贖罪《しょくざい》。遺族に無断で出した一冊の本は、酒鬼薔薇聖斗への長年にわたる治療と矯正教育が、見事に「失敗したこと」をなにより物語っている。

（『正論』二〇一五年八月号）

第六章

〝ビラ〟になった新聞

都合の悪い情報は報じない

本質的な論議もなく、最後まで駄々っ子の喧嘩のような低レベルな争いに終始した国会を国民は、どう見たのだろうか。森友問題から加計問題に至るこの不毛の五カ月間を振り返ると、物事の本質を報じない新聞の責任にどうしても行き当たる。

かつて新聞は、人々を目覚めさせ、教え導く存在として「社会の木鐸《ぼくたく》」を自任していた。しかし、今は誰もそんなものとは考えていないし、新聞人自らもその意識はかけらもない。単に、偏った考え方によって印象操作や国民の感情を煽るだけの存在になっている。

会ったことすらないのに、天皇陛下や安倍晋三首相の幼稚園訪問についての出鱈目をホームページに掲載し、ありもしない関係を吹聴して商売に利用してきた経営者による森友問題は、証人喚問にまで発展した末、安倍首相の便宜供与というファクトは、ついに出てこなかった。

　次の加計問題では、天下り問題で引責辞任した文部科学省の前事務次官が登場して「総理のご意向」と記された文書を持ち出し、「行政が歪《ゆが》められた」と批判を展開した。五十年以上、獣医学部の新設を認めず、規制緩和の壁となってきた文科官僚が主張する「総理のご意向」とは、あたかも加計学園に便宜をはかることにあったという印象操作が盛んに行われた。だが、その文書をいくら見ても、「総理のご意向」が加計学園を特別扱いすることだったとは書いていない。

　過去の口蹄《こうてい》疫問題をはじめ、獣医師不足に泣く四国の中で、愛媛県や今治市が、旧民主党政権時代も含め計十五回も申請をおこなったにもかかわらず、文科省は頑として獣医学部の新設を認めなかった。

　アベノミクスの「成長戦略」の柱の一つは、規制緩和である。もちろん官僚と業界（ここでは獣医師業界）が一体化して、既得権益を守る「岩盤規制」に穴をあけることも含まれている。だが、新聞は、いったい何が「総理のご意向」なのかを検証もせず、ただ政権に打撃を与えることを目的に、印象操作のため日々、紙面を費やした。

　思い出すのは、今から十年前、第一次安倍政権の時のことだ。安倍首相―菅義偉総務相―渡辺喜美行政改革担当相がタッグを組んで公務員改革に挑んだが、霞が関官僚たちの「やれるものならやってみろ」という大抵抗の末に頓挫《とんざ》した。

公務員改革を実現し、岩盤規制に穴をあけようとする第二次安倍政権の意志は、この十年前の挫折が大きく影響している。規制改革を推し進めようとする内閣と、抵抗する文科官僚――国民の利益にもつながる実に興味深い戦いだが、「安倍憎し」の新聞は、国民の感情を煽るだけで、ことの本質に迫る「役割と使命」を自ら放棄したのである。

自己の主張に都合のいい一方の情報だけを伝えて、都合が悪い情報は決して報じない日本の新聞。もはや、そんなものは「新聞」とは呼ばない。


（二〇一七年六月十八日）

「政治運動体」の機関紙に

好き嫌いは、人間だれしもある。人々の好みや趣味が全て一致したら、これほど気味の悪い世の中はない。

しかし、昨今の新聞は、単に自らの好き嫌いに基づき、それに都合のよい情報と意見を表明する場になり果てていることに気づく。

安倍晋三内閣が好きか、嫌いか。安倍内閣を倒すか、倒さないか。その目的を実現するためには、事実（ファクト）など「関係ない」という露骨な姿勢である。

私は、レベルが低下する一方のそういう新聞を「政治運動体」の機関紙という見方で毎朝読んでいる。すなわち倒閣運動の〝ビラ〟である。

新聞には、ストレートニュースを掲載する報道面と、さまざまな事象に対する論評面とがある。前者では、正確な情報を、後者では、その新聞の意見や社論に接して、読者は「考える」ことができるのである。だが、昨今の新聞には、そんなことは望むべくもない。

ストレートニュースである報道面からして、既に「歪められている」からだ。さらに詳しく加計学園問題を見てみよう。

首相の友人が理事長を務める加計学園に便宜をはかるために国家戦略特区がつくられ、獣医学部の新設が認められたとされる疑惑を新聞は報じ続けた。

では、そのためのファクトとは何だったのか。

天下り問題で辞任した文部科学省の前川喜平前事務次官によって「行政が歪められた」という告発がおこなわれたが、抽象論ばかりで具体的な指摘はなく、文科省内の「総理のご意向」や「官邸の最高レベルが言っている」という文言を書いた内部文書がその〝根拠〟とされた。

しかし、現実には公開されている国家戦略特区の諮問会議議事録でも、文科官僚は、獣医学部新設は必要がないという理由を「述べられなかったこと」が明らかになっている。

だが、新聞は議論に敗れた官僚が、文科省内で上司に弁明する内部文書の内容をあたかも事実であるかのように報道し、テレビのワイドショーがこれに丸乗りした。ファクトはどこかに置き去られ、「疑惑は深まった」「首相の関与濃厚に」という抽象的な言葉で、国民の不信感を煽り続けた。

一方で都合の悪い情報は黙殺された。二〇一七（平成二十九）年七月十日の国会閉会中審査に登場した〝当事者〟の加戸《かと》守行・愛媛県前知事が、鳥インフルエンザやBSE、口蹄疫問題など、公務員獣医師の不足から四国への獣医学部の新設を要請し続けたが、岩盤規制にはね返され、やっと国家戦略特区によって「歪められた行政が正された」と語った。

しかも、加計学園が手を挙げたのが十二年前の小泉純一郎内閣の構造改革特区時代で、今治の県議と加計学園事務局長が友達だったからだ、と詳細に証言した。だが、多くの新聞がこの重要証言を報じなかった。

どうしても新聞を読みたい向きには、これからは「倒閣運動体」の機関紙として、割り切って購読することをお勧めする。

（二〇一七年七月二十三日）

それでも「民意」は揺るがず

自民党が衆院選（注／二〇一七年十月二十二日投開票）で絶対安定多数を獲得、与党全体では全議席の三分の二を超えるという〝民意〟が示されても、それでも何も変わらないところが二つある。

野党と新聞である。どれほど森友・加計問題を煽っても、与党を指弾しても、民意は揺るがなかった。

しかし、その有権者の意思が判明したあとも、反省も、思考の変化も、さらには現実直視も、野党と新聞には全くなく、国民を呆れさせるドタバタ劇が続いている。

本来の政治信条を捨て、誓約書まで書いて一人のリーダーのもとに集まった政治家たちが、今度はそのリーダーを糾弾し、誓約書の中身まで踏みにじろうとするあさましさを有権者は長く記憶に留めておくべきだろう。

しかし、野党議員のレベルの低さはもはや国民の「常識」ともいうべきものであり、驚くにはあたらない。むしろ、それをあと押しする新聞の罪のほうがよほど深いのかもしれない。

証拠もなく、抽象論だけで、内外の諸課題をそっちのけにして国会で気の遠くなるような時間が費やされた森友・加計問題。ネットではとっくに典型的なフェイクニュースであったことがさまざまな観点から論証されているが、新聞は相変わらず〈「森友・加計」どう説明〉（朝日）〈森友・加計学園問題　終わっていない〉（毎日）と、必死なのだ。

もし、本当に一国の総理が〝お友達のために〟国有財産を八億円も値下げしたり、国家戦略特区をつくって優遇したりしたのなら、国民の一人として是非、徹底糾弾してほしいと思う。

だが国会では逆に、加計問題の当事者である加戸守行・前愛媛県知事が、構造改革特区以来の過去十五回に及ぶ今治市の懸命な申請の有様を語り、さらに「公正な手続きに疑う余地もなく、歪められた行政がまさに正された」と詳細に証言した。

もし、これを突き崩す証拠があるなら、是非、野党は国民の前に明らかにしてほしいと思う。

しかし、情けないことに野党も、そしてそれを支援する新聞も、ただ抽象論で疑惑とやらを叫ぶだけで一向に証拠は出てこない。「国会よ、いいかげんにせよ」と、有権者の怒りがついに爆発したのが、今回の選挙結果だったとも言えるだろう。

政府が出す法案を次々と全否定し、修正の要求や対案の提示もなく、人の言葉尻を捉えた揚げ足取りにだけ熱心で、ひたすらテレビカメラに向かってパフォーマンスを繰り返す野党。新聞がそのお先棒を担ぐために野党議員はますます勘違いし、日本の国会は、いつの間にか現実から完全に遊離した「不毛な空間」と成り果ててしまった。

観念論の壁の中に閉じ籠もり、最も重視すべき有権者の審判さえ軽んじる新聞に、今さら「襟《えり》を正せ」などと言うのも陳腐だろう。

だが、新聞記者諸兄には、大衆への影響力が影も形もなくなっているという事実と読者のレベルの方が自分たちより遥かに高くなっていることを、せめて「自覚」することをお節介ながら助言したい。

（二〇一七年十一月五日）

若者に見捨てられた新聞

ジャーナリズムがフェイクニュースと印象操作に明け暮れた一年が終わり、新たな年が始まったことで、私はこれまでにも増して元日（二〇一八年）の社説に注目した。

さまざまな場で私は、現在が「左右対立の時代」ではなく、「観念論と現実論」との闘いの時代と評してきた。左と右、リベラルと保守——いまだにそんな古い価値基準にとらわれている人が多いことに、違和感を覚える。

二〇一七年夏、読売がこの点について興味深い記事を掲載した。早稲田大学現代政治経済研究所との共同調査で、若者が、リベラルとは「自民党や日本維新の会」であり、保守とは「公明党や共産党」であるという認識を持っていることをリポートしたのだ（八月十一日付）。

安倍政権がアベノミクスや〝地球儀を俯瞰《ふかん》する外交〟を展開し、日本維新の会が大阪都構想に挑戦するなど変革を目指しているのに対して、旧来の体質のままの公明党や共産党が「保守勢力である」という斬新《ざんしん》な考えを持つ若者たちについて初めて言及したのだ。

国内外のさまざまな現実に対応していこうという人々と、イデオロギーに固執して現実を見ようとしない理想論、すなわち観念に縛られた人々との意識の差について考えさせられる記事だった。

二カ月後の総選挙では、この分析を裏づける結果が出た。各種世論調査で、二十九歳以下の若者の半分近くが「比例投票先」として自民党に投票していたことが明らかになったのだ。

全世代の中で若年層が安倍政権の支持基盤になっていることが浮き彫りになった。だが、現実を分析できない新聞は、これを「若者の保守化」と論じた。

観念論の代表は朝日である。

元日の社説で朝日は、〈来たるべき民主主義　より長い時間軸の政治を〉と題して、安倍政権は迷走しており〈与えられた豊富な時間を大切に使い、政策を着実に積み上げてきただろうか〉と非難を展開した。だが、その根拠は〈国政選挙を実に頻繁に行ったことにある〉という珍妙なものだった。

なんと、民主党の野田政権による解散総選挙も入れてこの五年間に五回も〈選挙を行った〉と批判した。実際には安倍政権は五年間に二回解散総選挙を打ったが、これはこれまでの通常の衆院選の間隔と変わらない。

社説は、この強引な印象操作ののちに、〈若い人の声をもっと国会に届けるため、世代別の代表を送り込める選挙制度を取り入れてみては、という意見もある〉と、意味不明の主張を行っている。

「はあ?」と思わず声を上げてしまった。就職や結婚、家族の構築……といった将来の人生のために最も「現実」を見据えている若者と、主義主張にこだわるだけの新聞との乖離は、広がるばかりだ。

新聞が、自分たちの方が時代遅れであることに気づいても、もはや手遅れだろう。なぜなら若者は新聞を信用していないし、とっくに「見限っている」からだ。

（二〇一八年一月十四日）

「クレーマー国会」のなれの果て

いつからこれほどの「クレーマー国会」になったのか。新聞紙面を見ながら、そう思う人は少なくないだろう。

何の証拠もないのに「証拠を出せ」とマスコミと野党がタッグを組んで一年以上騒いできた森友問題。財務省が虚偽公文書作成という犯罪に手を染めていたことが判明し、内閣支持率も急落している。

「安倍晋三首相が籠池泰典氏のために国有財産を八億円も値下げさせた」という疑惑とやらが証明されたのかと思ったら、さにあらず。全く逆である。

改竄《かいざん》前の文書には鴻池祥肇《よしただ》、鳩山邦夫、平沼赳夫という三人の政治家側が近畿財務局へ働きかけを行っていたことが記されていたものの、肝心の安倍夫妻の関与は出てこない。

それどころか、籠池氏は、国会の証人喚問で当該の土地を安倍昭恵氏が「いい田んぼができそうですね」と発言していたのに、近財には、「いい土地ですから、前に進めてください」と言ったと記述されている。利用できる名前はすべて出して、あの手この手で値下げさせようとしていた籠池という人物の話に国民はいつまでつき合わされなくてはいけないのか。

改竄前の文書で安倍夫妻の潔白が判明したのに、マスコミと野党による印象操作には、ますます拍車がかかっている。

野党による官庁への〝つるし上げ〟にしか見えないヒアリングと、コトの本質からかけ離れた国会質疑。問題になっている当該の土地は、大阪空港騒音訴訟の現場であり、どうしても国が手放したかった物件だ。

伊丹空港の航空進入路の真下で、騒音は大きく、また建物に高さ制限もついているといういわくつきの土地である。国は、やっと現れた〝買い主〟を逃したくなかったし、三人の政治家が絡んだ政治案件でもあった。

いま野田中央公園になっている隣地は、民主党政権時代、国が補助金をぶち込んで、実質九八・五％もの値下げになっていることでも、この土地の特殊性がわかる。そんな実態を新聞は知っていながら、一切、書かない。

私は、昔の国会との差をどうしても考えてしまう。かつて野党には、論客が揃っていた。社会党には楢崎弥之助、大出俊、公明党には黒柳明、共産党には正森成二、民社党には春日一幸や佐々木良作……名調子に引き込まれる弁士たちがいて、丁々発《ちょうちょうはっ》止《し》の与野党のわたり合いに国民は見入ったものである。だが、今は本質をずらす印象操作と揚げ足取りに終始するクレーマー国会と化してしまった。

これを後押ししたのは、いうまでもなく新聞である。

日本はそんなことをしているときではない。世界が注視する北の核問題、そして拉致問題で、仮に米朝首脳会談が決裂すれば、米軍の軍事オプション発動の可能性が高まる。

北が保有するスカッドとノドンは約千三百発で、日韓の犠牲者が数百万人に及ぶ可能性もある。国民の命さえ念頭にないクレーマー国会と、それを後押しする新聞に「日本の未来」が潰されてはならない。

（二〇一八年三月二十五日）

恥ずべき「二重基準」

不可解な〝事件〟である。安倍政権打倒のために、野党とマスコミがタッグを組んで、政権打倒キャンペーンが繰り広げられているのは周知の通りだ。

そんな中で出た財務省の福田淳一前次官のセクハラ騒動。「胸触っていい」「キスさせて」などと、財務官僚の驕《おご》りと品性の下劣さを示す言葉の数々（本人はセクハラを否定）に呆れ果てた向きは多いだろう。だが、この事件の特異性は、テレビ朝日の女性記者が、隠し録《ど》りした音声を持って週刊新潮に「駆けこんだ」ことにある。

昨今、日本の告発型ジャーナリズムの双璧である文春か新潮に駆けこめば、一発で重要人物のクビをとれるというのが定着しているようなので、これ自体は不思議ではない。

だが、そこで生じるのは、なぜ報道機関であるテレ朝が自ら報じなかったのか、という根本的疑問である。

深刻なセクハラ被害なら、訴えを一年以上も放置した同社は報道機関としてだけでなく、社会的責任を負う企業体として許されない。麻生太郎財務相の進退を語る前に、まず会社としてけじめをつけるべきだろう。

だが、報道内容を見れば、テレ朝が安倍政権打倒に極めて熱心な会社であり、そこにもうひとつの疑念が生じる。ネット上ではすでに、女性記者から相談された上司の女性部長や、その夫がこれまた政権打倒に意欲を燃やすある新聞社の幹部であるといったさまざまな情報や論評が飛び交っている。

騒動自体が「政権打倒のためなのではないか」という疑問である。ちなみに隠し録りされたセクハラ発言には、以下の部分もある。

福田氏とされる男「オレ、新聞記者だったらいい記者だったと思うよ」

記者「そうじゃないですか？」

男「キスする？」

記者「え、キスする記者にいい情報あげようなんて、あんま、思わない？」

男「いや思うよ」

記者「ええっ、本当ですか？」

男「好きだからキスしたい。キスは簡単。好きだから情報」

記者「へえ」

録音全体の公開を求める福田氏の思いも分からぬでもない。だが、新聞の真相究明の切っ先は鈍い。〈何よりも重いのは、麻生財務相の責任である〉（二〇一八年四月十九日付朝日）〈「政と官」双方が自らの保身に走り、責任を取ろうとしない〉（同二十一日付毎日）と、政権批判しか頭にはないようだ。

しかし、朝日も毎日も過去、取材で録音した音源を第三者に渡した記者は厳しく糾弾され、退社処分になっている。なぜ今回は「公益目的の提供だった」などと、詭弁《きべん》を弄するテレ朝を非難しないのか。

「恥ずかしいことをした官僚と、道義に悖《もと》るメディアの取っ組み合いだ。日本国として恥ずかしい」と喝破《かっぱ》したのは、伊吹文明元衆院議長である。

物事の真相を解明し、国民の知る権利に応える使命が新聞にはある。恥ずべき二重基準をやめ、自らの使命に忠実たれ。


（二〇一八年四月二十九日）

論点

朝日的手法による日本の損害

「絶対謝らない朝日」の謝罪

「えっ、本当？」

私は、二〇一四（平成二十六）年九月十一日の朝日新聞の記者会見をフジテレビのスタジオで見た。

ちょうどBSフジの『プライムニュース』に出演する予定で、震災当時の官房副長官である福山哲郎氏と「吉田調書」をめぐって討論することになっていたからだ。

前日から「朝日が謝罪会見をするらしい」という情報がマスコミの間を飛び交い、あちこちから「何か聞いていませんか？」という問い合わせが入っていた。知り合いの

ジャーナリストからは、

「門田さん本人が記者会見に出席して、朝日の首脳に直接、問いただしてください」

そんな〝要請〟まで飛び込んでいた。だが、以前から番組への出演が決まっていた私は、

「ちょっと無理です」

としか答えられなかった。そんなバタバタがつづく中で、スタジオで会見の中継を垣間見たのである。

番組が始まる直前の慌ただしい中で、私は、テレビで朝日新聞の木村伊量社長が、

「吉田調書を読み解く過程で評価を誤り、命令違反で撤退という表現を使った結果、多くの東電社員らがその場から逃げ出したかのような印象を与える間違った記事だと判断致しました。〝命令違反で撤退〟の表現を取り消すとともに、読者および東電のみなさまに深くおわびを申し上げます」

と、謝罪しているのを聞いた。

俄かには信じられず、私は思わず「まさか。本当か……」と、呟いてしまった。

朝日新聞の体質からして、間違いを認めたり、誰かに謝罪することなど、本来、あ

り得ない。

それまでとっていた居丈高で、独善的なものとは、それは、まったく打って変わった姿だった。

私は、朝日新聞から「法的措置を検討する」という痛烈な抗議書を受け取っている。

吉田調書報道に関して、朝日新聞が出した五通の抗議書は、すべて私がらみのものだ。

『週刊ポスト』と私、『産経新聞』と私、さらに私のインタビュー記事を載せた『フラッシュ』――それらが、今回、朝日新聞が出した抗議書のすべてだ。私は、そのほかに『Ｖｏｉｃｅ』での対談記事や『正論』には論評記事も掲載したが、こちらには抗議は来ていない。

私は朝日新聞の内部から、

「本気で門田に法的措置を講じるらしい」

という情報を得ていたので、こちらも、さらに闘志をかき立たせていた。それだけに、「絶対に謝らない」朝日新聞の突然の謝罪会見に私自身が驚いてしまったのである。

「法的措置を検討する」

「朝日新聞の報道は誤報である」

私が自分自身のブログで、最初の発信をおこなったのは、二〇一四年五月末のことだ。それはさまざまなところに転載され、驚くような反響を呼んだ。

これに真っ先に反応したのは、『週刊ポスト』だ。私は、六月九日発売の同誌に、

〈朝日新聞「吉田調書」スクープは従軍慰安婦虚報と同じだ〉

というタイトルの六ページの記事を書いた。矛盾だらけの朝日新聞のその記事に一般のメディアが「誤報」と指摘したのは、これが最初である。

この記事もまた、予想以上の反響を呼んだ。朝日新聞による「命令違反の撤退」報道は虚偽であり、朝日がつくり上げた「慰安婦の強制連行報道」と同じ図式であるという指摘だっただけに、インターネットを中心に大きな話題となった。

だが、その記事への朝日の反応もまた、凄まじかった。

「朝日新聞社の名誉と信用を著しく毀損しており、到底看過できない」

「週刊ポスト誌上での訂正と謝罪の記事の掲載を求める。誠実な対応をとらない場合は、法的措置をとることを検討する」

発売と同時に私と『週刊ポスト』編集部に対して、そんな強硬な抗議書を送りつけてきたのだ。

私のインタビュー記事を載せた『フラッシュ』にも同様の抗議書が来た。

自らは現場で命をかけて奮闘した人々の「名誉と信用」を傷つけたことを恬《てん》として恥じず、それに批判の論評を掲げたジャーナリストに対しては、法的措置をちらつかせる抗議書を送りつける。私は、朝日新聞が持つ〝言論封殺〟と、〝独善的体質〟に対して、いうべき言葉を失った。

しかし、前述のように私は、つづけて月刊誌で対談をおこない、さらには論評記事も掲載した。

だが、八月に入って事態は急展開していく。産経新聞が、吉田調書を全文入手し、同紙の求めに応じて、私は吉田調書を読んだ上で〈朝日は事実を曲げてまで日本人をおとしめたいのか〉という論評を八月十八日付紙面に寄稿した。

すると、朝日はまたも、間髪を容れず抗議書を送りつけていた。

しかし、事態はそれでは収まらなかった。今度は八月三十日に読売新聞、翌日には共同通信……と、各メディアが次々と吉田調書を全文入手し、中身を報じ始めたのだ。

そしてそれらは、私の論評と同じく、いずれも朝日報道の〝全面否定〟となった。言うまでもないが、これほどライバル社が同業他社の記事を全否定する例はマスコミでは珍しい。

最初の報道から三カ月余を経て、ついに「朝日新聞」対「そのほかのメディア」という図式が定まったのである。

だが、それでも朝日の強気の姿勢は崩れなかった。読売新聞（八月三十一日付）に対しても、

「10キロ離れた第二原発への撤退は、命令に違反した行為です」

というコメントを出していた。

それだけに、吉田調書が全文公開になった九月十一日、朝日新聞が突然、「謝罪会見」をおこなったのが、私には信じられなかったのである。

それは、『週刊ポスト』での私の記事への抗議からは三カ月、産経新聞での抗議からは、まだ三週間しか経っていなかった。

謝罪会見の翌日、抗議書の直接の当事者である朝日新聞の岡本順・広報部長から、「抗議の前提となっていた記事を取り消しましたので、抗議したこと自体が誤ってお

りました。二つの抗議書をいずれも撤回し、心よりお詫び申し上げます」という電話が来た。そして、翌日には、「おわび」と書いた文書も同社から送られてきた。締切に追われている私の方から「面会は、後日に」と要請させてもらった。

「抗議書」と「おわび」——両方の文書を見ながら、迷走する朝日新聞が、果たして今後、「生き残る」ことができるのか、私は考えずにはいられなかった。

「パンドラの箱」が開いた

朝日新聞の動揺は、言うまでもなく販売店の〝悲鳴〟にある。

もともと慰安婦報道の検証記事（二〇一四年八月五日・六日付）で強まった朝日批判が読者の動揺を呼び起こし、部数は激減し、販売からの厳しい突き上げが顕在化していた。これが、「謝罪会見」の引き金になったのは、間違いない。

それでも、私が「朝日が謝罪することなどあり得ない」と思っていたのには、理由がある。

それは、一度、謝罪すれば、これまで朝日がおこなってきた数々の問題報道が、「まな板に載ってくる」からだ。すなわち朝日にとって絶対に開けてはならない〝パンドラの箱〟が開いてしまうのである。

朝日の首脳は、言うまでもなくそのことを知っていただろう。だからこそ、私のような一介のノンフィクション作家にまで法的措置をチラつかせる抗議書を送りつけ、さらなる報道を封じようとしていたのである。

「こんなライター、踏み潰してしまえ」

おそらく、朝日首脳にとっては、そういう認識だったに違いない。そうまでして、朝日は「パンドラの箱」が開くことを防ごうとしたのである。

だが、それは逆効果だった。私は、朝日首脳の願望とは裏腹に、朝日の誤報を正すために、さまざまなメディアをまわった。そして、二〇一一年三月十五日朝の福島第一原発（1F）の現場のありさまをレクチャーした。「必要なら」と、取材先も紹介した。

私が朝日のキャンペーンを誤報とする根拠は、なにも吉田所長に生前、取材したり、あるいは九十名に及ぶ現場の職員を取材しているからだけではない。

それは、通常の読解力がある大人ならわかる〝常識〟と、さらには客観事実を普通に受け取る〝感覚〟の「二つ」さえあれば、これが誤報であることは容易にわかるものだったからだ。

もし、朝日が言うような「所長命令に違反して撤退した」ということが本当なら、それが成立する要件は、「四つ」ある。

一つ目は、吉田所長が1Fに留まれと「命令を出した」ことであり、二つ目には、その命令が「部下に伝えられた」ことであり、三つ目には、その命令を「部下が無視した」ことであり、四つ目に、「その上で、撤退した」というものだ。

この四つの要件のうち、どの一つが欠けても、「命令違反による撤退」は成立しない。

しかし、朝日が報じる吉田証言には、具体的に部下たちに「1Fに留まれ」という命令が出され、それが伝えられ、さらにはそれが拒否されて、所員が2Fに撤退したという一連のファクトが、「一切ない」のである。

つまり、常識のある大人が、通常の感覚で読みさえすれば、「命令違反による撤退」という要件は、朝日の記事の中でなにひとつ成立していないことがわかるのである。朝日の報道が、吉田調書の〝言葉尻〟を捉えたものであることは想像できたが、その言葉尻ですらそれは成り立っていなかった。

朝日の幹部が仮にもジャーナリストであったなら、当該の記事を読んだ時点で疑問を持たなければおかしいレベルの記事だったのだ。

「国民の目」が怖かった朝日

記事が悪質だったのは、朝日は五月二十日の紙面で、吉田証言の中のこの「伝言が伝わっていない」部分と、福島第二原発に撤退したことが「よかった」と語っている部分を〝欠落させて〟報道していたことだ。

有料でしか見られないインターネットの「朝日デジタル」のみ、これを掲載し、一般の読者からは、この部分を隠していたのである。朝日は省略したことについて記者会見で、

「必ずしも必要なデータではないと考えていた」

と釈明した。ジャーナリストとして、信じられない言葉である。

私は八月上旬、吉田調書の全文を入手した産経新聞に、調書を読ませてもらった。そして感想を産経新聞に寄稿することを約束した。

私は二日間、徹夜でこれを読んだが、朝日の悪質さにあらためて驚愕した。

その中には、部下が命令違反で「撤退」したどころか、部下の勇気を讃え、さらに

はバスを用意して2Fに向かわせたことが繰り返し出ていたからだ。

「関係ない人間は退避させますからということを言っただけです」

「2Fまで退避させようとバスを手配したんです」

「バスで退避させました。2Fの方に」

そんな吉田証言が次々と出てくる。そして、「部下の命令違反」などの証言はどこにもなく、逆に吉田所長は、調書の中で部下たちをこう讃えていた。

「本当に感動したのは、みんな現場に行こうとするわけです」

命を落とすかもしれない現場にそれでも行こうとする部下たちとの絆の強さを感じさせる証言が、調書のあちこちに存在していたのだ。

私は、朝日の編集方針に言いようのない怒りを覚えると共に、仮にこの調書が公開になったら、朝日新聞は大変なことになる――と思った。

果たして朝日新聞は、吉田調書が政府によって公開された九月十一日、間髪を容れず記者会見で記事の撤回を発表し、全面謝罪をおこなったのである。

マスコミが相次いで報道したことによって、今回はたまたま吉田調書を政府が公開することを決めたが、本来なら、これは「出るはずがないもの」だった。いや、朝日新聞が「まともな報道」さえしていたなら、何も議論にもならないまま、素通りしていたに違いない。

私は吉田調書を読んで、吉田さんの真意を踏みにじり、その部下をどこまでも貶めようとする朝日新聞の手法に、同じジャーナリストとして怒りを抑えることができなかった。

既存メディアが敗れ去った日

なぜ朝日新聞はこのような報道をおこなうのか。

それは、朝日新聞が長く続けてきた独特の「手法」と「姿勢」によるものである。それを私は、「朝日的手法」と呼んでいる。

朝日新聞の編集方針には、ファクトが先にあるのではなく、自分が言いたい「主張」や「イデオロギー」が先にある。

慰安婦報道を見れば、わかりやすい。朝日新聞は、慰安婦のことを、女子挺身隊の名で「戦場に連行」され、日本軍人相手に「性交渉を強いられた」存在として、現在の「慰安婦＝性奴隷」という原型をつくりだした。そして、その数を「八万とも二十万ともいわれる」として、それが世界から日本が糾弾される根源となった。

しかし、実際には、彼女たちはさまざまな事情で身を売り、あるいは親などに売られ、春を鬻ぐ商売につかざるを得なかった貧困で、薄幸な人たちである。決して、日本軍による「強制連行」の被害者などではない。

だが、それでは日本を責めることができない朝日新聞は、これを隠して、ひたすら「強制連行」を強調し、史実としてこれが無理だと判断すると、今度は「広義の強制性があった」と論点をずらして、報じ始めるのである。

そこには、どんなことをしてでも、「日本」そのものを糾弾し、貶めたい、という朝日新聞の意図が見え隠れしている。

この吉田調書報道も図式は同じだ。

吉田調書の大キャンペーンが始まった五月二十日の朝日新聞の記事には担当記者がこう書いている。

〈吉田調書が残した教訓は、過酷事故のもとでは原子炉を制御する電力会社の社員が現場からいなくなる事態が十分に起こりうるということだ（中略）その問いに答えを出さないまま、原発を再稼働して良いはずはない〉

つまり、ファクトが成立していないにもかかわらず、原発の所員たちが「所長命令に違反して撤退」と報じ、結論は自ら主張する「原発再稼働反対」だったのである。それは、強固な〝反原発〟の立場をとる朝日新聞ならではの展開だった。

外国のメディアは朝日の報道を受けて、

〈パニックに陥った原発所員の9割が命令に背いて逃げ去った〉

〈これは、〝日本版セウォル号事件〟だ〉

と、大々的に報じたのは周知の通りだ。朝日にとって、思惑通りの展開だっただろう。

朝日新聞は、この手法を長くとりつづけてきた。多かれ少なかれ、ほかの新聞にもその傾向はあるが、朝日は突出して、それが特色となっている。

朝日の読者は、おそらくその主張が好きで、毎朝の新聞を購読しているのだろう。「朝日ジャーナリズム」が団塊の世代に受け入れられ、最盛期を誇ったのは、一九七〇年代以降のことである。

それは、イデオロギー全盛の時代であり、新聞が情報を自らの主張やイデオロギーに沿って都合よく〝加工〟して〝大衆〟に下げ渡しても、なにも問題にならない時代だった。

しかし、長年つづけてきたその手法は、次第に朝日新聞の中に、イデオロギーに凝《こ》り固まった記者たちを生んでいった。

反原発活動家が「たまたま新聞記者をやっている」と思わざるを得ない記者たちが社内を闊歩《かっぽ》するようになったのではないか、と私は想像する。

やがて、そこがアンタッチャブルなグレーゾーンとなり、チェック機能も効かない報道が現実におこなわれるようになったのではないだろうか。

七〇年代の感覚と驕りをいまだに朝日が持ち続けていることが、今回の国民からの鉄槌につながったことは間違いないだろう。

もうひとつの朝日新聞の失敗は、ニューメディア時代の到来という「現実」に背を向け、そのことの「意味」を理解していなかったことにある。

大新聞が情報を独占し、加工して大衆に下げ渡していく時代がとっくに終焉しているのに朝日はそのことに目を向けなかった。インターネットの登場によるニューメディア時代は、マスコミが情報を独占する時代を終わらせ、逆に大衆によって監視され、検証される時代に入っていることを示している。

私は、これを〝情報ビッグバン〟と呼んでいるが、朝日はそのことに気づこうともせず、旧来の方式を未だに続けていたのである。その驕りの前には、「チェック機能」など、もともとあるはずはなかったのである。

現在、情報を発信するのは、マスコミに限らず、それぞれの個人個人、誰にでもでき、ブログやツイッター、フェイスブックなどは、その大きな手段となっている。これらがなかった頃、大衆はマスコミからの情報を確かめる術《すべ》を持たなかった。しかし、今は違うのである。

今回、私が最初に情報発信したのが、「ブログ」であったことでもわかるように、新聞メディアが情報を独占し、都合よく加工して、大衆を導く時代はとっくに終わっている。

その意味で、朝日が全面謝罪した二〇一四年九月十一日は、日本のジャーナリズムにとって、「歴史に残る日」であり、同時に、ニューメディアに既存メディアが敗れ去ったという「象徴的な日」だったとも言えるのである。

朝日の価値基準

熱心に今も朝日新聞を購読している読者以外には、根本的な疑問があるに違いない。それは、「あなたたちは、なぜ事実をねじ曲げてまで、日本を貶めたいのですか」ということだ。

「どうして、朝日新聞はそこまで中国や韓国の味方をしたいのですか」

「なぜ、そこまで両国の敵意を煽って日本との関係を破壊しようとするのですか」

「朝日の報道によって、日中関係はよくなったのですか。そして、日韓関係はよくなったのですか」

これらは、朝日の愛読者以外の日本国民の素朴な疑問だろう。

そして、一般の国民は、こうも聞きたいだろう。あなたたちは、どの国の報道機関なのですか、と。私も実際に朝日新聞にこれを問うてみたい。

朝日には友人も多いので、私はたまに彼らと議論することがある。

その時に気づくのは、彼らに「自分たちが日本を貶めている」という意識は全くないことだ。

もちろん、なかには「貶めたい」という人もいるだろうが、その数は実際には少ない。では、なぜ彼らは、このような報道をするのか。

私が問うと、彼らはだいたいこう答えることが多い。

「朝日新聞はリベラルであり、権力と対峙し、これを監視している。その使命を負っているのが朝日新聞だ」

いつもその答えに私は苦笑する。そして、こう言う。

「朝日がリベラル？　単なる〝反日〟だよ」と。私が驚くのは、彼らには、日本を貶めている意識はなく、むしろ国家権力に対して厳しい記事を書いていると思い込んでいる点だ。

中国や韓国を喜ばせるというような意識よりも、むしろ過去の日本を糾弾することで、「平和を愛する自分」に陶酔感を抱いているようなタイプが多いのだ。

すなわち、朝日の記者は、「日本を貶めることを、権力と戦っているものと勘違いしている」としか、説明できないのである。そして、その根底にあるのは、朝日新聞が持つ歪んだ価値基準だ。

それによって、どれほど日本と日本人が大きな損害を被ってきたのかを思うと、私には溜息しか出てこない。

果たして、朝日新聞が日本にもたらしてきた「損害」は、いったいどれほどのものなのだろうか。

朝日の報道によって、日本人が被った「不利益」と、失われた「名誉と信用」は、金銭で補償できるようなものではないが、もしそれをするなら、天文学的な損害額となるだろう。

中国や韓国の報道機関ならいざ知らず、繰り返されてきた朝日新聞による「日本人を貶める」報道が今後、懸命に働き、真面目にこつこつ努力してきた大多数の日本人に、受け入れられるはずはない。

ひとたび失われた名誉を回復するのは容易ではない。

世界中に流布された「原発現場の人間が逃げた」という内容は、なかなか払拭《ふっしょく》されないだろう。同時に、朝日の慰安婦強制連行報道で徹底的に破壊された「日韓関係」もまた、世界のあちこちに建つ慰安婦像が撤去されないのと同じく、これまた回復は難しいだろう。

朝日によって失われた日本人の信用を取り戻すためには、途方もない苦労と努力が必要だ。私は、朝日新聞が自分たちでつくった第三者委員会で、この問題の検証ができるとは思っていない。

それは国民が自らやるべきことだろう、と思う。そのために必要なのは、朝日新聞社長の国会招致である。

国民が自分たち自身の問題として「朝日問題」を考え、これまで発信してきた朝日の「慰安婦＝性奴隷」の原型となった報道を検証し、その結果を世界に発信しなければならない。そのくらいの覚悟が求められているのである。

本当の意味で、その解明が成された時、おそらく朝日新聞は「終焉を迎える」に違いない。


（『正論』二〇一四年十一月号）

第七章

自ら放棄する言論の自由

表現の自由と「節度」

日々の新聞報道に触れていると最近、「節度」という言葉を思い浮かべることが多い。神戸連続児童殺傷事件の犯人の元少年A（三二）が、手記『絶歌』を出版したときもそうだ。

自らは匿名のまま、遺族に新たな苦痛と哀《かな》しみを与えたこの本には否定的な世論が優勢だった。しかし、それでも出版に肯定的な立場の人も少なくなかった。

根拠は、「言論・表現の自由」である。これは民主主義の根幹を成すものであり、侵されてはならないからだ。だが、同時にそれほど重要な権利だけに、それが「無制限なもの」であってはならないことも、また事実だ。そこには自《おの》ずと「節度」というものが求められる。

凶悪事件の当事者、つまり、他者の人権を完膚《かんぷ》なきまでに抹殺した者に、その犯行を描写したり、遺族を新たな絶望に陥れたり、あるいは巨額の利益を得たりすることは果たして許されるものなのだろうか。いわばこの問題は、言論・表現の自由を行使する側の「節度」と、その「線引き」の難しさが問われたものでもあっただろうと思う。

安保法制をめぐる新聞報道には、私は、ずっと違和感を抱いている。如実に表れたのは、作家の百田尚樹氏が自民党の勉強会で「沖縄の二紙はつぶさないといけない」と発言した、と報道されたケースだ。

百田氏自身の言によれば、これは、出席者から「沖縄の人やメディアの意識は厄介だ」と問われ、「厄介やなあ、(沖縄の二紙は)つぶさんとなあ」と冗談めかして答えて、笑いが起こったものだったそうだ。一方、記者たちは、ドアに耳をつけ、いわば盗み聞きした上で、この発言を報じた。

その会議での自民党議員たちの発言も併《あわ》せ、〈異常な「異論封じ」〉〈言論統制の危険な風潮〉といった過激な論調が並んだ。言論封じというなら、百田氏は一部発言を抜き書きされ、まさに「自由な言論」を侵されたことになる。

また二〇一五(平成二十七)年七月十四日には、沖縄に持ち込まれる埋め立て用土砂を規制する条例が沖縄県で成立したことをめぐって、「もう、そんな連中は放っておいていいと思うが、いかがでしょうか」と菅義偉官房長官に質問した時事通信の記者が他紙から問題にされ、更迭《こうてつ》された。編集局長は「(不適切な表現で) 沖縄県民をはじめ議会関係者ら皆様に不快な思いをさせたのは極めて遺憾」という異例のコメントを出した。

沖縄問題への自由な発言や質問はできなくなりつつあるのだ。逆の意味で、まさに言葉狩りと自由な言論への圧力が続いているといえる。

「異論には耳を貸さず、力で踏みつぶせばいいのだという考えは許されない」という論調を掲げ、一方では自分と異なる意見や質問を問題視して、牙を剥く姿勢。果たしてあなた方には言論の自由を守る意思はあるのですか、とつい聞きたくなる。

問われているのは、言論人の「節度」なのではないだろうか。

(二〇一五年七月十九日)

新聞は「福島の復興」を望まないのか

新聞は、福島の復興を促進しているのだろうか。それとも、妨げとなっているのだろうか。震災五周年を迎え、溢れるばかりの震災記事の中で、私はそんなことを考えさせられた。

福島関連のノンフィクションを何冊も出している私は、福島の地元紙にも目を通しており、さまざまな記事が印象に残った。

毎日には、福島県郡山市から新潟市に中学生の娘二人とともに避難している四十一歳の主婦が登場していた（二〇一六年三月十一日付）。夫を郡山市に残したままの〝家族別居〟の避難だ。

長女が原因不明の鼻血を繰り返し、「被ばくに無知だった」という彼女は、新潟へ自主避難したものの、あと一年で自主避難者に対する「住宅無償提供」を福島県が打ち切ることを嘆く。「パートを掛け持ちするか自宅を手放すか」の悩みに直面しているという。そして、「自分も原発事故被害者であること」を訴えるために東電への集団賠償訴訟に参加するという決意が紹介された記事だ。

同じ紙面には、「支援続けるフリーライター」が登場し、「国や福島県は仮設住宅から避難者を追い出し、早く事故を終わらせたいのでしょう。改めて彼女たち一人一人の声に耳を傾けて考え直してほしい」と住宅無償提供打ち切りを批判している。

また、朝日には、妊娠していたことを知らずに「放射線量の高い地域に入った」という女性ドキュメンタリー映画監督が登場し、「原子力の平和利用という『公』の間違いに、私は無自覚に加担していました」と語る（同十二日付）。両紙は、福島が元に戻ることよりも、行政糾弾に主眼が置かれている。

一方、地元紙は違う。一刻も早く元の福島に戻ってほしい、という願いが伝わってくる。福島民友には、毎朝の紙面に必ず県内全域三百九十カ所での放射線量の測定数値が載っている。

同紙には、客観的データこそ「風評被害」に打ち勝つ力がある、という信念が感じられる。全国の他の地域と福島の線量の数値を客観的に比較することによって、いかに福島県が「すでに安全になっているか」を分かってもらえるからだ。

ちなみに三月十一日の郡山市の線量は、市内十七カ所とも、〇・〇五〜〇・一八マイクロシーベルトという正常値だ。

二日前（同九日付）の同紙の紙面には、「コープふくしま」による「家庭調査」の結果も掲載されている。これは、家庭で食事を一人分多く作って放射性物質を検査する陰膳《かげぜん》調査のことだ。放射性セシウムが二年連続不検出になり、「生産者の努力や検査体制の充実」が確実に成果を上げていることを報じている。

風評被害を一刻も早く脱し、前進していこうという地元紙と、自主避難者への住宅無償提供を尚《なお》も税金負担で続けろ、と主張する全国紙――さて、真の意味で「福島復興」に寄与するのは、どちらなのだろうか。

（二〇一六年三月二十日）

もはや活動家になり果てた

「悔し涙が出た」「信じられない思いだ」「賠償も受けられず、遺族は泣き寝入りすることになる」――働き方改革法案が衆院厚生労働委で可決された翌五月二十六日（二〇一八年）の朝日・毎日の紙面には、そんな過激な言葉が躍った。

〈ＮＨＫ記者だった娘を過労死で亡くした佐戸恵美子さん（68）は採決後、遺影を抱えたまましばらく立ち上がれなかった。「労働時間規制をなくす高プロを入れれば、間違いなく働き過ぎで死ぬ人が増える。賛成した議員はそれがわかっているのか」。家族の会の寺西笑子代表（69）は「結論ありきで無理やり法案を通した。命に関わる法案の審議がないがしろにされた」と憤った〉。朝日がそう書けば、毎日も遺族のコメントを引用し、さらに日本労働弁護団幹事長の〈「高プロ対象者の時間的な裁量や、業務量の裁量は、法案のどこにも書かれていない。働き手は業務命令を断れず、従わざるを得ない」〉という談話を掲載した。

一面、社会面、論説面をブチ抜いて、働く側の過労死を助長する法案が強行採決で通った、と報じたのだ。

事実としたら許されざることであり、国民も黙ってはいられないだろう。だが、読売や産経を読むと、まるで趣きが異なってくる。

高度プロフェッショナル制度は、高収入の一部専門職を労働時間の規制から外すものだが、同じように過労死遺族の怒りの談話を紹介しつつも、同制度で利益を受ける側の話も出ているのだ。

読売には五十歳代の弁理士が登場し、「電話などで仕事が中断されやすい日中を避け、深夜や週末に集中して仕事をするやり方も選べる」「脱時間給の制度で、自分に合ったペースで働く方が成果が出て、賃金も上がると思う」と語る。これまでは深夜や週末にまとめて仕事をしたくても割増賃金となるため経営側から敬遠され、思い通りにならなかったというのだ。

法案は、日本維新の会と希望の党が加わって修正がなされ、適用は本人同意が必要との従来の内容に加え、新たに離脱規定も設け、本人の意思でいつでも離脱できるようになったことが記事では解説されている。

つまり、加入も離脱も本人次第で、自分に有利と思えば適用を受け、嫌《いや》になればいつでも離脱できる「自分に得になる方式」を自由に選択できるものだというのだ。読売、産経両紙では野党による「過労死促進法案」との叫びに疑問が呈されている。

重要なのは、朝日・毎日には、一方のそういう受け取り方が書かれていないことだ。両紙が「安倍政権打倒」に執着したメディアであることは、もとより承知している。だが、自分の主張に都合の悪い情報は読者に提示せず、一方的な煽情《せんじょう》記事を書くのが新聞の役割といえるのだろうか。

自分たちが、すでに「新聞記者」ではなく「活動家」となり果てていることを認識することをこの際、強くお勧めしたい。

（二〇一八年六月三日）

虐待死事件と「嘆き記事」

ああ、またか。そんな怒りを感じるのは私だけではないだろう。「もうおねがい　ゆるして　ゆるしてください」という痛ましい文章を残して逝《い》った船戸結愛《ゆあ》ちゃん（五）虐待死事件そのものではなく、その新聞報道に対して、である。〈悲痛な心の叫びを忘れまい〉（読売）〈SOS届かず〉（毎日）〈悲劇は繰り返されてきた〉（産経）……と新聞各紙には〝いつもの〟嘆き記事が並んだ。

ウサギ飼育用のカゴに監禁されて死亡し、遺体を川に流された三歳男児の東京都足立区・うさぎケージ虐待死事件（二〇一五年発覚）のときも、山中から男児（三）の白骨死体が見つかった大阪府堺市・虐待死事件（二〇一六年発見）のときも、同様の記事が並んだものである。虐待死事件のたびに、新聞は同じ論調を掲げ、識者のコメントを紹介し、事件を「嘆いてみせる」のだ。

血の繋がりがない三十三歳の父親に結愛ちゃんがどれほど虐待を受けていたかは、

最初の一時保護、そして二度にわたる父親の傷害容疑の書類送検、その後の病院による児童相談所への通告（痣《あざ》の発見）でも明らかだった。

それでも東京に引っ越した一家に、品川児童相談所は及び腰で、家庭訪問した際、母親に「関わらないでください」と言われると退散し、警察への情報共有も怠り、最悪の事態を迎えたのだ。

私は、同様の事件はこれからも起こり続けると思っている。なぜなら「児相の職員を増やせ」「専門性のある職員をもっと」と、同じ意見が〝いつものように〟叫ばれるだけだからだ。

新聞はなぜ問題の本質を突かないのだろうか。それは、「もはや児相には期待できない」ということだ。児童虐待防止法には、児相による自宅立ち入り調査も認められており、その際、警察の援助を求めることもできるようになっている。だが、児相はそれを活用しない。なぜか。

それは職員の能力と意欲の問題であり、一方で「プライバシー侵害」や「親の権利」を振りかざす〝人権の壁〟への恐れがあるからだ。

子供を虐待死させるような親は、人権を盾に抵抗し、あらゆる言辞を弄して子供への面会を拒む。この壁を突破して子供の命を守るには、逆に、児相に「案件を抱え込ませてはならない」のである。

警察を含む行政組織が全情報を共有し、例えば〝街の灯台〟たる交番のお巡《まわ》りさんが、絶えず訪問して子供の顔を確認するようなシステムを構築しなければならない。

しかし現実には、児相や厚労省は職員の増員を求めるのに必死で、虐待情報の共有に否定的だ。彼らにとっては、自らの権限拡大の方が大切なのだ。

こうしたお役人の言い分に目を眩《くら》まされているのが、小池百合子都知事であり、安倍晋三首相にほかならない。新聞はなぜここを突かないのか。どれほど犠牲者が出ようと他人事のような〝嘆き記事〟をいつまでも読まされ続けるのはご免こうむりたい。

（二〇一八年七月八日）

「オウム報道」と新聞の劣化

新聞は、報じなければならないことを書かない。私は、麻原彰晃元死刑囚らオウムの幹部たちが二〇一八年七月六日に七人、二十六日に六人、計十三人が死刑執行されたことを報じる新聞記事に失望した。

ただ法務省に迎合するような「総論」記事しかなかったからだ。本来の新聞ジャーナリズムの役割を完全に放棄していたのである。

日本では、八〇％以上の国民が死刑制度を支持している。わかっているだけでも計二十九人もの死者を出した未曽有のオウム事件の当事者たちだけに、死刑の判断は当然であり、執行もその通りだろう。

しかし、あくまでそれは執行が「正当であること」が前提だ。では、今回、〝すべて〟が正当だったのだろうか。答えは「ノー」である。

最大のものは、上川陽子法相が死刑囚の「再審請求権」を完全に奪い去ったことだろう。

刑事訴訟法第四百三十五条以下には、再審請求について定められている。判決が確定した事件でも、法に定められた事由がある場合は、審理をやり直すよう申し立てることができるのは受刑者の基本的権利である。

今回、死刑執行された十三人は、再審請求を行っていた者がほとんどだったが、その中には、「新事実の発見」によって再審請求の進行協議が現実にスタートし、新証拠の提出や次回の協議の期日まで決まっていた死刑囚がいた。

井上嘉浩元死刑囚である。井上は一審が無期懲役で、二審が死刑。十三人の中で唯一、裁判所の判断が一審と二審で分かれていた。最高裁は二審を支持したが、弁護側から二〇一八年三月に「確定判決には事実誤認がある」として新証拠が提出され、再審請求が行われたのだ。

それは、量刑の面で一審の判決が妥当であることを示す新証拠であり、事実、東京高裁は五月八日に再審の進行協議を始め、二回目は七月三日に開かれ、三回目は、八月六日に行われることが決まっていた。

そして高裁は、新証拠に応じて井上の携帯電話の発信記録提出を検察に命じ、真相究明のための協議が現実に進んでいた。だが、上川法相は、二回目の協議の、わずか「三日後」に、問答無用の死刑執行を命じたのだ。

ほかにも、サリン散布の実行犯で、死者二人を出した林郁夫受刑者が無期懲役で死刑を免れているのに、一人の死者も出さなかった実行犯の横山真人元死刑囚が死刑になるなど、オウム裁判の結論には、多くの矛盾が存在する。しかし、どの新聞も表層をなぞるだけで、問題の核心を伝える記事は皆無だった。

実は、現場には問題点を報じようとした記者もいたが、「細かなことはどうでもいい。執行後に（死刑囚の）親御さんたちのコメントさえ取れればそれでいい」とデスクに命じられ、記事を断念させられた者もいた。

問答無用の執行という法務当局の驕りと矛盾さえ指摘できない新聞。日本の新聞ジャーナリズムは、そこまで劣化している。

（二〇一八年八月十二日）

「就活ルール廃止」で見識を示せ

新聞には果たして「見識」があるのか。

私のまわりには、毎朝、読む新聞にそのことを求める〝オールド新聞ファン〟が多い。しかし、残念ながらその期待が裏切られる例ばかりを耳にする。

二〇一八年九月三日、経団連の中西宏明会長は、二〇二一年春に卒業予定の学生から面接の解禁時期などを定めた、いわゆる「就活ルール」を廃止する意向を表明した。「もはや終身雇用、新卒一括採用が成り立たなくなってきている」とも言及し、新卒採用を基本とする日本型雇用システムの終焉さえ予感させる発言をおこなったのだ。

日本経済を引っ張る経済界のトップが日本の根幹を揺るがすニュースを新聞はどう報じただろうか。

私自身はいよいよ来たか、という思いがある。大学三年が終わる三月に会社説明会が解禁され、六月に面接が解禁となるのが、いわゆる経団連ルールだ。しかし、経団連に所属していない中小企業や、外資系企業たちはこれに従わず、青田買いを展開している。「これでは、いい人材が確保できない」という経団連の企業の人事担当者の嘆きを私も何度か耳にしたことがある。中西会長の先の発言は、まさにこれを象徴している。

しかし、問題の本質は、そこにはない。インターンシップ制が中心のアメリカやフランス、卒業後の就職活動が基本となっているドイツなど、各国にはそれぞれの特徴がある。そんな中で、日本が長年、続けてきた新卒採用の日本型雇用システムを止めてはならない理由を、新聞は、ずばりと指摘すべきではないのか。

この効率的な新卒一括採用がこれまで日本社会を支えてきたのは、厳然たる事実である。過酷な大学受験と、それへの反動として存在してきた緩やかなキャンパスライフ。そして、新卒一括採用によって経験に乏しい若者を長期的に育てていく企業の研修や教育制度。これらは、どの国にも存在しない日本独自のもので、若者の失業率が常に世界の最低であり、社会の安定という面でも多大な貢献を果たしてきたはずである。

しかし、就活ルールが撤廃されれば、企業の採用活動は際限なく〝前倒し〟され、学業はおろか、海外留学やサークル活動、ボランティア活動に至るまで、大学生はあらゆるものを犠牲にしながら、長期間、これに対応しなければならなくなる。それは、明らかに日本の〝国力低下〟につながるものである。

自分たちは決まりを守っているのにそれを破る企業があるから、その決まり自体を廃止する――日本の根幹を支えてきた制度をそんな理由で崩壊させようとするリーダーには、大学とは「教育・研究の場」であって、決して企業の「下請け機関」ではないことを、ぜひ教えてあげてほしい。読者が新聞に期待しているのはそんな「見識」にほかならない。

（二〇一八年九月十六日）

もはやその「論法」は通用しない

『新潮45』の休刊騒動に続いて、柴山昌彦文部科学相の「教育勅語」発言報道が起こったとき、「ああ、またやっている」と、思わず舌打ちをした向きは少なくあるまい。「一体、こんなレベルの低い論法をいつまで続けるのか」と。

大臣の就任会見は、スクープとは無縁の記者たちにとって、質問で失言を引き出し、「名」を上げる絶好の機会である。柴山文科相はＮＨＫの記者からこんな質問を受けた。

「教育勅語について、過去の文科大臣は、中身は至極まっとうなことが書かれているといった発言をされているわけですけれども、大臣も同様のお考えなのでしょうか」

〝地雷〟が埋め込まれた危険な質問だ。柴山氏はこう答えた。

「教育勅語については、それが現代風に解釈をされたり、あるいはアレンジをした形でですね、今の例えば道徳等に使うことができる分野というのは、私は十分にあるという意味では普遍性を持っている部分が見て取れるのではないかと思います」

どのあたりが今も使えるとお考えかと記者がさらに問うと、
「やはり同胞を大切にする、ですとか、あるいは国際的な協調を重んじる、ですとか、そういった基本的な記載内容について、これを現代的にアレンジして教えていこうというようなことも検討する動きがあるようにも聞いております。そういったことは検討に値するかな、というように考えております」
極めて常識的な発言である。教育勅語にあった「徳目」の中には、今も使えるものもあるということであり、明治憲法下の教育勅語を復活させるなどというような発言ではない。だが、新聞はこれをどう報じたか。
〈教育勅語発言　柴山文科相の見識疑う〉（二〇一八年十月五日付朝日社説）
〈柴山氏の教育勅語発言　早くも時代錯誤の登場だ〉（同毎日社説）
両紙はこんな見出しを掲げて、全面攻撃に入ったのだ。これを読めば、教育勅語復活を策す「トンでもない大臣が現れた」と読者は思うかもしれない。だが、これは相手の発言意図を捻じ曲げたり、一部を切り取ったりする「ストローマン手法」と呼ばれる、いつもの新聞のやり方だ。
実は、岩屋毅防衛相に対しても、先の戦争について「侵略戦争と考えますか、考えませんか。大臣の言葉で聞かせてください」と執拗な質問が就任会見でなされている。しかし、同氏は安倍晋三首相の戦後七十年談話と同じである、と繰り返し、挑発に乗らなかった。仮に何らかの発言があれば、中国・韓国に打ち返して大騒動に持っていくお得意の「ご注進ジャーナリズム」も見られたに違いない。

彼らは、なぜそれほど大臣の首を取りたいのだろうか。どうして日本をそれほど貶めたいのだろうか。私は、浅薄な正義感のもとに、すっかり〝倒閣運動家〟と化している新聞記者たちに教えてあげたい。「もう、とっくに、その論法が通用する時代は終わっていますよ」と。

（二〇一八年十月二十一日）

「差別」を振りかざす新聞

日本には、いつから恥ずべき〝揚げ足とり文化〟が定着してしまったのだろうか。国会やマスコミの報道を見ていると、誰しもそんな感想を抱かざるを得ないだろう。国の根本政策や外交、あるいは法案について熱い議論を戦わせる国権の最高機関たる国会では、相手の言い間違いや、知識の欠如をあげつらうような、絶対に子供には見せたくないレベルのやりとりが続いている。

野党やマスコミに、そもそも「見識」がないのだから、本質的な議論ができるはずもなく、国民もこれに我慢して付き合わなければならない。何かといえば、そんな揚げ足とりをし、「差別だ」「ヘイトだ」と、実に由々しきレベルの議論をする人が増えているのである。

二〇一八年十一月十四日付の朝日新聞に〈「薬物依存症女性、奇声あげ殺人」ドラマ波紋〉という記事が出ていた。

なんでも、テレビ朝日系の人気刑事ドラマ『相棒』で、覚醒剤中毒の女性が刑事を後ろからハンマーで殴り殺すシーンがあり、それに対して、「侮辱的で差別をあおっている」との非難が巻き起こっているというのだ。

遅ればせながら、私もそのシーンを見てみた。なかなかの迫真の演技で、覚醒剤の怖さを端的に表すものだった。だが、朝日新聞によれば、それが「中毒患者への差別を助長するもの」なのだそうだ。

思わず「えっ？」と声を上げた向きも少なくないだろう。私などは、小さい頃から正気を失って異常行動に出る覚醒剤の怖さを繰り返し教えられ、絶対にこんなものには手を出してはいけない、と思ってきたものだ。

実際に、四人を包丁で刺し殺した深川の通り魔殺人事件や、同じく、これも四人を包丁やハンマーで殺害した大阪・西成の麻薬中毒殺人事件をはじめ、多くの覚醒剤犯罪が記憶に刻み込まれている。これらは、いずれも弁護側が覚醒剤による心神喪失や心神耗弱《こうじゃく》を訴え、刑罰を逃れようとしたり、減軽させたりするのが定番となってきた。

だが、朝日は専門家の意見として、彼らは〈精神的な病を抱えた障害者〉であり、〈依存症の人に対する差別意識だけを強めることになる〉と主張した。

覚醒剤とは、そもそも取引も、あるいは使用も、いずれも犯罪である。人間の体を蝕《むしば》み、暴力団などの反社会的勢力の資金源ともなっているのは周知のとおりだ。その覚醒剤の恐怖の実態をドラマで描いただけで、「差別だ」と抗議し、その批判を囃《はや》し立てるのである。

昨今、一部の新聞は、自分への批判は「ヘイトだ」と糾弾し、自分が批判するときは、「差別だ」と言えば、世の中に通用するとでも思っているらしい。映画やテレビの制作者は、こんなレベルの低い新聞の批判など気にする必要はない。社会に問題を提起するシーンを、怖れずどんどんつくってもらいたい。国民は、新聞ではなく、あなたたちの方を応援している。

（二〇一八年十一月二十五日）

論点

『新潮45』休刊と日本のジャーナリズム

百人いれば百人の読み方がある

ＬＧＢＴをめぐる雑誌論文への批判を受けて新潮社は二〇一八（平成三十）年九月二十五日、『新潮45』の休刊を明らかにした。

これまで、どんな圧力にも屈しなかった新潮社がなぜ、これほど脆弱な会社になってしまったのか、信じられない思いで眺めている。同時に、とんでもないことが起こったということも指摘しなければならない。

「とんでもない」とは、もちろん新潮社に対してであって、雑誌の中身に対してではない。すでに店頭に並んだ自社の雑誌に対して社長が「あまりに常識を逸脱した偏見と認識不足に満ちた表現が見受けられました」と声明を出し、早々と休刊の判断をしてしまったことに私は呆れ、絶句してしまったのである。出版社の社長が、こうした見解を表明することなど厳に慎むべきなのはいうまでもない。いとも簡単に反対勢力の批判に屈してしまったことで、新潮社は取り返しのつかない禍根を後世に残してしまった。

はじめに是非、考えてほしい重要なことがある。それは「百人いれば、百人の読み方がある」ということだ。

例えば拙著『死の淵を見た男』。これは、福島第一原発事故で陣頭指揮にあたった吉田昌郎所長をはじめ、この事故と闘ったプラントエンジニアたちの姿を描いた作品である。のちに明らかになった「吉田調書」をめぐっての朝日新聞と私との闘いにはすでに触れた。

私は「毅然と生きた日本人」をテーマにノンフィクションを書いているが、この本を「反原発の本だ」、あるいは、逆に「原発推進の本だ」と読まれた方もいる。読者の数だけ、読み方があるのは当然だ。私の真意はどちらでもないが、読者がどう読もうと、きちんと読んでもらっているのだから、一向に構わない。

私自身は反原発と原発推進、双方の主張に「一理ある」と考えている。つまり、そもそもどちらかに自分の立場を置いてあの本を書いたわけではない。

大切なことは、記事や書籍にはそれぞれの読み方があるということである。言論・表現の自由と共に、そうした自由に読んだ上での「思想空間」もまた、同じように保証されるべきだということだ。

『新潮45』は、同年八月号で自民党の杉田水脈《みお》氏の「『LGBT』支援の度が過ぎる」という論文を掲載した。私がこの論文を読んだのはその夏、すでに世間の批判が巻き起こってからだった。タイトルにあるように論文は、国や自治体、あるいは、マスコミの「LGBT」に対する「支援の度が過ぎてはいないか」と問題提起しているものだ。

特に国が「LGBT」支援を意識し過ぎて少子化への対策その他がおろそかになっている点に警鐘を鳴らしている。そのなかでLGBTに「生産性がない」という一節があり、各方面から批判が巻き起こった。

杉田氏はLGBTに対する支援の度が過ぎると言っている。本文全体を読めば、LGBTを差別するという話ではないことが、私には分かった。

少子化政策への言及

テレビ番組『そこまで言って委員会NP』でも述べたが、私は安倍政権の少子化対策は、全く不十分だと考えている。アベノミクスで就職率は上がった。経済も上向いてはいる。しかし、少子化に対する有効な手だては何も打てずにいる。

このまま少子化が続けば、二〇七〇年には日本の人口は、「六千五百八十一万人」に半減することが統計上、明らかになっている。「未来の日本の姿」として、これをどう受け止めるか。日本人それぞれによって異なるだろうが、私は、これを打破するために日本の最重要課題として、時の政権は少子化に対して全精力を傾けて取り組まなければならないと思う。

池田勇人元首相の所得倍増計画ならぬ、「納税者倍増計画」が必要なのだ。このままでは納税者はどんどん少なくなってしまい、日本は小国へと転落していく。今こそ手を打たねばならないのに、実際には、何もできていない。

私がテレビ番組で述べたのは、第一子に子育て支援金として百万円、第二子には三百万円、そして第三子には一千万円を支給すべきだ、ということだ。

ＭＣの辛坊治郎氏には笑われ、竹田恒泰氏からは「門田さん、安過ぎます！　桁がもう一つ多くないと駄目ですよ」と言われてしまった。しかし、私は真剣だった。そうしたことをやらなければ「納税者倍増」なんてとても不可能なのだ。そのくらい重要な施策だと、今も思っている。

そんな思いを持っていた私にとって、杉田論文は意外だった。杉田氏といえば、安倍首相の肝いりで自民党議員として国会に返り咲いた人物だったからだ。その意味では「安倍系列の政治家」だといえる。

その人物が、「ＬＧＢＴへの支援の度が過ぎていないか」と、強烈に非難している。裏を返せば、少子化に対して、「あまりに無策すぎないか」と言っているのだ。

私のような読み方をした人は少ないかもしれない。しかし、同じように受け取った人もいるだろう。もちろん、杉田氏の論文にそうした直接的な安倍首相批判の文言はないが、少なくとも、私にはそう感じられた。

切り取り「炎上」手法

杉田氏はこう記述している。

〈行政が動くということは税金を使うということです。例えば、子育て支援や子供ができないカップルへの不妊治療に税金を使うというのであれば、少子化対策のためにお金を使うという大義名分があります。しかし、ＬＧＢＴのカップルのために税金を使うことに賛同が得られるものでしょうか。彼ら彼女らは子供を作らない、つまり「生産性」がないのです。そこに税金を投入することが果たしていいのかどうか。にもかかわらず、行政がＬＧＢＴに関する条例や要綱を発表するたびにもてはやすマスコミがいるから、政治家が人気とり政策になると勘違いしてしまうのです〉

この部分で杉田氏は猛烈な批判を浴びた。ここを「ＬＧＢＴへの差別だ」と感じる人もいれば、私のように「これは政権や行政機関の少子化無策に対する猛烈な批判だ」と受け取る人もいる。

ただ、杉田氏はあくまでも少子化に対して「無策」に等しい状況のなかで、税金をどこに重点的に充てるべきなのかという視点で書いている。

子育て支援や子供ができないカップルへの不妊治療に税金を使うなら少子化対策に資するという観点はあって良いし、では、ＬＧＢＴのカップルに税金を使うことはどうなのか。そうした視点や考察を怠らないことがむしろ立法や予算に携わる人間には求められる、と言っている。

今のメディアは、行政がＬＧＢＴに関して条例や要綱、ちょっとした施策を発表しただけで、もてはやす傾向にあるのは事実である。こうした風潮が蔓延すると、政治家は人気取りの政策にできると勘違いしてしまいがちだ。そうしたなかで、ＬＧＢＴ支援の度が過ぎているのではないか、という問題提起を彼女はしたわけだ。

「百人いれば、百人の読み方がある」という意味では、ここを「ＬＧＢＴへの差別だ」と感じ、それを批判する人の「自由」もまた認めなければならないが、そうした批判もまた論評の対象となる。

私は今回の非難を、一部の「言葉」や「文章」を引っ張り出して来てそれを論難する、一種の〝ストローマン手法〟だと思っている。ツイッター全盛時代の今、論文全体を読むことなく、一部を取り出して非難して騒ぎを拡大していく「炎上」手法は、一部の勢力が得意とするものだ。

出版社が「使命」を捨てた

八月号への批判が起こると、『新潮45』は十月号で「そんなにおかしいか『杉田水脈』論文」と題した特集を組み、これに反撃した。いかにも、世間からの批判を「真っ向から受けて立つ」新潮社らしい編集方針と言っていい。

その中に、文藝評論家の小川榮太郎氏による得意の逆説的、かつ皮肉を交えた難解な表現を駆使した論文「政治は『生きづらさ』という主観を救えない」が掲載されていた。これが、さらなる誤解を生んだ。

私自身の感想を言えば、もっと諧謔《かいぎゃく》的な表現方法で書けばいいのに、と思ったが、しかし、これが文藝評論家たる小川氏の文章の持ち味だ。編集部はそうした小川氏の力量を認めているからこそ執筆を依頼したのだろう。

政治は「個」の権利を際限なく拡大させてはならない、そんなことをしたら痴漢の権利さえ認めなくてはならない社会になってしまう、ということを小川氏は言いたかったのだと思う。だが、これを逆に「痴漢をする権利を認めよ」と主張していると読んでしまった人もいたわけである。

いずれにしても、賛否両論を巻き起こすことを承知の上での編集だったと思われる。しかし、ここに出版社の社長が出てきて、「あまりに常識を逸脱した偏見と認識不足に満ちた表現が見受けられました」と、これを一方的に断じ、外部の批判勢力を勢いづかせるような声明を出してしまったのだ。

出版社のトップが、編集内容に踏み込んで、いちいち外部に対して自らの見解を表明することなど、そもそもあり得ない。もの書きから見れば、いつ梯子《はしご》を外されるかわからないし、安心して言論戦を闘うことなどできないからだ。社長が何かを言いたければ、「内部」に対して言えばいい。それだけの話だ。

言論・表現の自由の一翼を担う出版社には、いうまでもなく、批判に対する「対処の仕方」が求められる。それは「筆者と言論空間を守る」ということだ。これは絶対原則である。

新潮社がやったことは、その原則を捨て去ったということにほかならない。言論・表現の自由、さらには、読み方の自由に基づく「自由な思想空間」を守らなければならない出版社が、その根本に対する理解と使命を「捨てた」ということなのだ。

今回、社内で「外部に向かっての謝罪」を要求する編集者たちの突き上げを食らって、役員たちが右往左往し、ついには『新潮45』は「休刊」という恥ずべき手段をとった。新潮社の幹部の中には、自分で判断することもできず、外部の執筆者に相談して、「謝罪の上、『新潮45』を廃刊にするのが適当でしょう」とアドバイスされ、そのことをご丁寧にツイッターで「暴露」された者もいた。

新潮社の社員の中には、ツイッターで、あるいは、テレビに出演して、自らを「自分は差別主義者ではない」という安全地帯に身を置き、「言論・表現の自由」の重さも自覚しないまま、綺麗事の発信や発言を続けている人間がいる。

彼ら新潮社の後輩には、フランスの思想家であり、哲学者だったヴォルテールの以下の言葉の意味を知って欲しいと思う。

「僕は君の意見には反対だ。しかし、君がそう主張する権利は、僕が命をかけて守る」

言論・表現の自由がいかに大切かということの本質を、十八世紀に生きたこのヴォルテールは語っている。たとえ自分の意見とは違っていても、その人の言論や思想は守らなければならない。それは同時に「百人いれば、百人の読み方がある」ことを認めることでもある。

九七年にもあった新潮大批判

元『週刊文春』の名物編集長、花田紀凱《かずよし》氏との対談本『『週刊文春』と『週刊新潮』闘うメディアの全内幕』（ＰＨＰ新書）でも、いくつか似たような出来事を紹介させてもらった。

一九九七年、神戸の酒鬼薔薇事件で写真週刊誌『フォーカス』が犯人の少年の顔写真を掲載して新潮社が日本中からバッシングを受け、店頭から『フォーカス』ばかりか、『週刊新潮』まですべて撤去されたことがあった。

確かに少年法六十一条には「氏名、年齢、職業、住居、容貌等によりその者が当該事件の本人であることを推知することができるような記事又は写真を新聞紙その他の出版物に掲載してはならない」とある。

しかし、総則の第一条には少年法の目的が明記してあり「この法律は、少年の健全な育成を期し、非行のある少年に対して性格の矯正及び環境の調整に関する保護処分を行うとともに、少年の刑事事件について特別の措置を講ずることを目的とする」（傍点筆者）と書いてある。つまり、この法律はあくまで「少年の非行」に対して定めたものなのだ。

では、子供の首を切断し、その頭部を中学の校門にさらすという行為は、果たして「非行」なのだろうか。誰が見ても、これは凶悪犯罪である。逮捕され、家庭裁判所に送られた少年であっても、家庭裁判所が「これはとても少年法の範囲内で扱える事件ではない」と判断すると、検察に送り返す、つまり「逆送」になる。ここで検察が少年を起訴すれば、少年は、少年法ではなく刑事訴訟法に基づいて、公開の刑事法廷で裁かれる。

連続射殺事件を起こした永山則夫にしても、浅沼稲次郎暗殺事件を起こした山口二矢にしても、事件当時少年である。では、その少年の名前を、なぜ私たちは知っているのか。

それは、マスコミに「実名報道」されたからである。四人を殺めることは、少年法のいう「非行」だとは誰も思っていないから、当時のマスコミは最初から実名と顔写真を報道した。ひと昔前の記者たちはそうした常識を持っていた。そんなマスコミが、いつから綺麗事だけを言うようになったのだろうか。

しかし、酒鬼薔薇事件で、敢然と問題提起をした新潮社は、日本中から激しいバッシングを受けた。児童文学作家の灰谷健次郎氏をはじめ、作家が作品を新潮社から引き上げる騒動に発展し、社内でも、今回と同様、出版部の編集者を中心に大批判が巻き起こったのだ。

言論圧殺に白旗

当時の社長も同じ佐藤隆信氏だった。しかし、酒鬼薔薇事件当時の新潮社には、元『週刊新潮』編集長・山田彦彌氏や元『フォーカス』編集長・後藤章夫氏という編集出身の両常務がいた。外部の作家に動かされて安っぽい正義感を振りかざす編集者たちを、二人が〝一喝〟して、いささかの揺らぎも外部に見せることはなかったのだ。新潮社は一貫して「超然」としていたのである。

言論や表現の自由は、それ自体が民主主義国家の「根本」だ。たとえ反対する人間や政治勢力が大きかろうと、それをどこまでも守らなければならないという「毅然とした姿勢」が会社に貫かれていた。しかし、今の新潮社には、おそらくその〝根本〟がなくなったのだろう。外部の作家の〝単純正義〟に踊らされ、自分たちの仲間である『新潮45』の編集長への厳罰を要求する署名運動まで社内で繰り広げられた末、同誌は休刊（廃刊）に追い込まれた。

これから新潮社社内には、「萎縮」という名の絶対にあってはならない空気が蔓延するだろう。世の中に対して「超然」としていた新潮社がその矜持《きょうじ》を捨てた今、日本のジャーナリズムが、大いなる危機に立ったことは間違いない。あまりに残念な事態というほかない。

言論と表現の自由が守られている日本では、ＬＧＢＴについても、今後、自由闊達に議論していけばいい。私は杉田論文を読んで、前述のように杉田氏が「少子化無策」に対して、あるいは、ＬＧＢＴへの支援に度が過ぎている行政や、それを後押しするマスコミに対して激しい怒りを持っている人物だとは思ったが、「ＬＧＢＴへの差別主義者だ」とは感じられなかった。しかし、それは「百人いれば、百人の読み方がある」なかで、私だけの感じ方であり、人に強要するつもりも、同意を求めるつもりもない。

しかし、「これはＬＧＢＴへの差別だ」と声を上げ、その自由な言論空間を圧殺しようとする勢力に、新潮社は「白旗」を掲げてしまったのだ。

かつて、どんな圧力にも負けない毅然とした社風を誇った新潮社で、私は思いっきり仕事をさせてもらった。それだけに、「なぜ新潮社はこうも見識を失ったのか」と、ただただ残念でならない。

（『正論』二〇一八年十二月号）

おわりに

「われわれの使命は権力を監視することだ」

陶酔した表情で、そんなことを語る新聞記者やジャーナリストによく出会う。

私は、そのたびに、「権力を監視することは必要だけど、世の中にある権力を本当にあなた方は監視しているの？」と、問いかけたくなる。

自分の紹介が一番あとになってしまったが、大学を卒業して四半世紀の間、私は、いわゆる「雑誌ジャーナリズム」の世界にいた。老舗出版社の新潮社に入社し、出版系週刊誌として最古の媒体である週刊新潮編集部で仕事をしてきた。

最初の四年半は、データマンと呼ばれる取材記者をやり、その後、二年半はコラムを書き、そのあとの十八年間、特集班のデスクを務めた。そのため新聞記者の友人も数多い。

週刊新潮では、中吊りに出るような特集記事は、すべてデスクが執筆する。いわゆるアンカーマンである。私は、作家・ジャーナリストとして独立するまで、週刊新潮の特集記事を七百本以上、取材、執筆してきた。

私がいた頃の週刊新潮は、世の中の権威に対する「闘いのメディア」だった。時の政権はもちろん、与党も野党も、官界も財界も、そして宗教団体や労働組合、あるいは、大新聞などのマスコミに至るまで、あらゆる「権力」が報道の対象となった。

権力の監視――というカッコいい表現で言うなら、まさに当時の週刊新潮は、その役割の一端を担っていたように思う。

しかし、週刊新潮編集部には、「俺たちは権力を監視している」などと大それたことを語る人間もいなければ、そんなことを実際に思っている人間もいなかった。

なぜなら、ジャーナリズムにとって、それは、あたりまえ過ぎることであり、同時に、どんなに粋《いき》がってみても、ジャーナリズムには「限界があること」を知っていたからだ。

その一方で、さまざまな権力や圧力団体に対して、新聞やテレビといった大メディアは本当に弱かった。圧力団体にはひれ伏し、広告スポンサーの前では可哀想なくらい卑屈になっていた。

「われわれの使命は権力を監視することだ」などと新聞記者が口にするたびに、「自分が嫌いな政権に、事実に拠らない〝ケチ〟をつけることが、あなたたちの使命なの?」と、私たちは問いかけたかった。

ジャーナリズムの現場では、記事が急所を突いていればいるほど、書かれた側が「名誉毀損」という訴訟手段を用いて反撃に出てくる。訴訟はスクープと表裏の関係にある。もちろん、週刊新潮でも同じだった。

裁判所は、「権力」が大好きだ。地裁、高裁、最高裁と出世ばかり考えている裁判官は、下から上ばかり見ているという意味で、「ヒラメ裁判官」と呼ばれたが、彼らは、権威を独自の基準で序列化し、より権力のある側に与《くみ》し、判決でジャーナリズムの側に耳を傾けることは少なかった。

それがわかっていても、週刊新潮をはじめ、いくつかの媒体は、世の中の権力者、圧力団体などに対して告発と厳しい論評をつづけた。私自身、七百本以上の特集記事で、何度、法廷に立ったか知れない。これを商売として考えるなら、本当にワリの合わないものだったと思う。

だが、新聞記者たちの中に、冒頭のように「権力の監視」などと大仰な言い方をする人間が増えてくるにつれ、逆に、新聞記事がファクト、つまり、事実ではなく、観念論にシフトしていることをより感じるようになった。

自己陶酔した記者やジャーナリストたちは、本当にタチが悪い。勘違いしているだけでなく、自分に酔っているのだから、まわりの人間が指摘しても、耳を貸すはずもなく、同じ価値観を共有する仲間たちと共に、「徒党を組む」だけだった。

私は、自分たちに都合の悪いもの、あるいは、耳の痛いものにはシャッターを閉じる彼らの病を「自己陶酔型シャッター症候群」と呼ぶようになった。

もちろん、新聞記者やジャーナリストの中には、そういう観念論、つまりイデオロギーや主義主張ではなく、事実だけを追い求める尊敬すべき人たちも数多くいる。

本書は、本来の姿を見失い、消え去る新聞と、危機の中でもしっかりと生き残る新聞を「何が分かつ」のか、見極めるための「手助け」を目指したものである。全編にわたって新聞に対して非常に厳しい論評を書かせてもらった理由もそこにある。

しかし、私自身は、実は本書が新聞記者たちへの「励ましの書」であり、「応援の本」であると思っている。

指摘した事例に、もし間違いでもあれば、「門田よ、それは違うぞ」と大いに語ってくれればいいし、また、書かれた当事者たちとも、議論をしてみたい。

私は、日本のジャーナリズムを引っ張って来た新聞というメディアに、「新聞よ、もう一度」と、鼓舞したいのである。

本書の目的がそこにあることをわかってもらった上で是非、読み返していただければ、と思う。「新聞はここまでひどいのか」と怒りに包まれながら、一方で、読者はこの媒体に「健全な姿」に戻って欲しいと思ってくれるかもしれない。

日本には「どうしても生き残ってもらわなければならない」新聞も存在しているのは事実である。そのことがわかっていただけるなら、本書が出た意味もそれなりにあるのではないかと信ずる。

本書は、産経新聞出版の瀬尾友子編集長の熱心な勧めと粘り強い編集力によって形となったものである。同社の皆川豪志社長、また『新聞に喝！』の担当である産経新聞の喜多由浩文化部編集委員、さらには『正論』に寄稿する際にお世話になっている安藤慶太雑誌「正論」編集委員もあわせ、この場を借りて深甚なる謝意を表する次第である。

尚、本文は原則として敬称を略させていただいたことを付記する。

門田　隆将

令和元年　皐月

門田隆将（かどた・りゅうしょう）

作家、ジャーナリスト。1958（昭和33）年高知県安芸市生まれ。中央大学法学部政治学科卒業後、新潮社に入社。『週刊新潮』編集部に配属、記者、デスク、次長、副部長を経て、2008年4月に独立。『この命、義に捧ぐ――台湾を救った陸軍中将根本博の奇跡』（集英社、後に角川文庫）で第19回山本七平賞受賞。近著に『オウム死刑囚　魂の遍歴――井上嘉浩　すべての罪はわが身にあり』（PHP研究所）、主な著書に『死の淵を見た男――吉田昌郎と福島第一原発の五〇〇日』（角川文庫）、『なぜ君は絶望と闘えたのか――本村洋の3300日』（新潮文庫）、『甲子園への遺言』（講談社文庫）、『汝、ふたつの故国に殉ず』（KADOKAWA）など多数。

新聞という病

令和元年5月30日　第1刷発行
令和元年9月14日　第8刷発行

著　　者　門田隆将
発 行 者　皆川豪志
発 行 所　株式会社産経新聞出版
〒100-8077 東京都千代田区大手町1-7-2 産経新聞社8階
電話　03-3242-9930　FAX　03-3243-0573
発　　売　日本工業新聞社　電話　03-3243-0571（書籍営業）
印刷・製本　株式会社シナノ
電話　03-5911-3355

ISBN 978-4-8191-1367-0　C0095